LES PEUPLES SAUVAGES

4e SÉRIE GRAND IN-8o

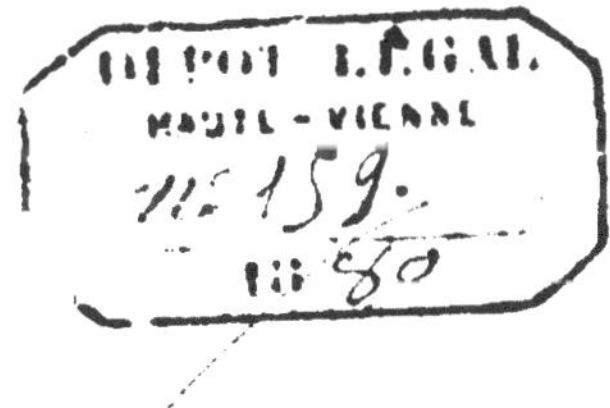

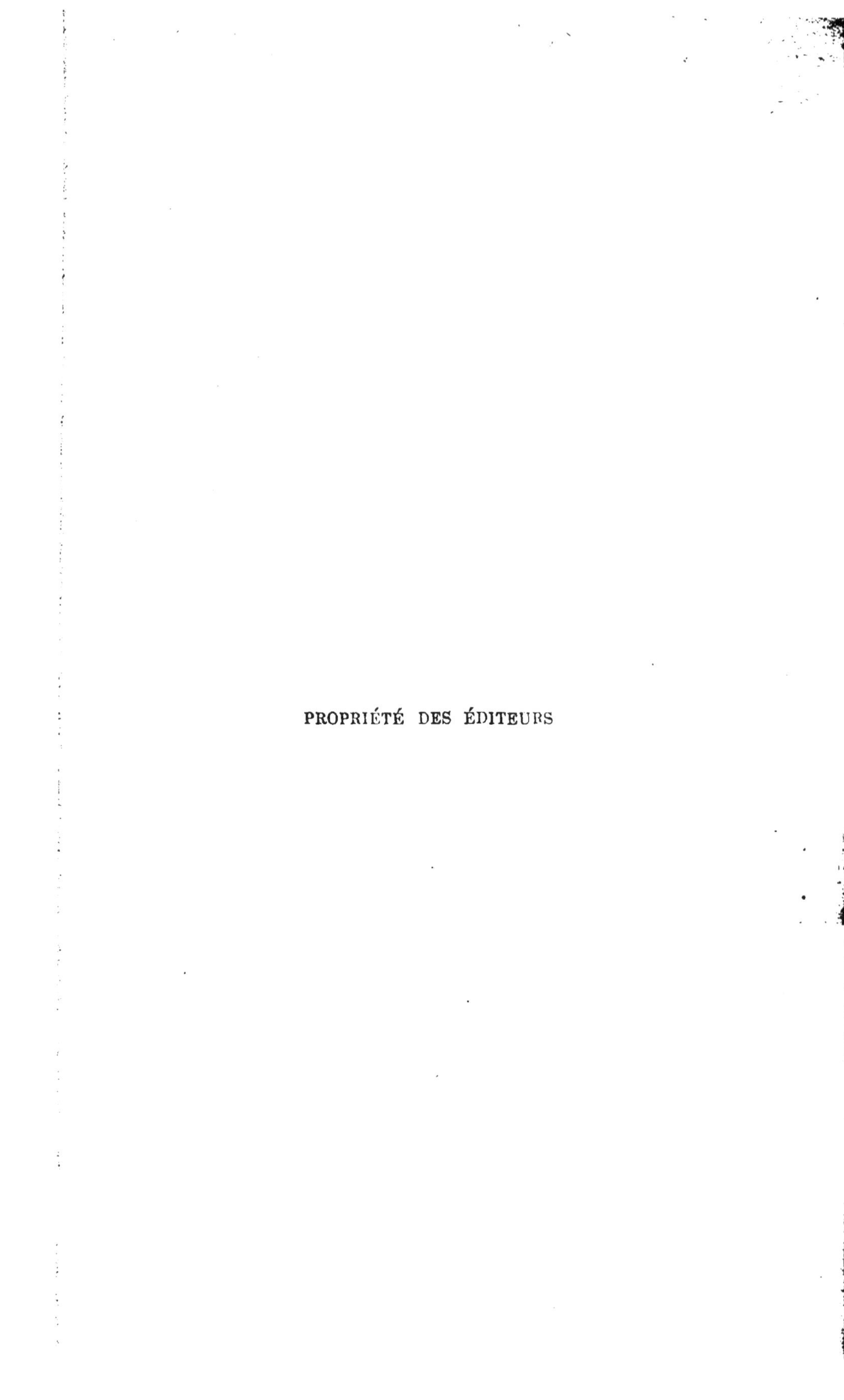

PROPRIÉTÉ DES ÉDITEURS

LE CAPITAINE MAYNE-REID

LES

PEUPLES SAUVAGES

BIBLIOTHÈQUE NATIONALE R.F. IMPRIMÉS

TRADUCTION NOUVELLE

PAR BÉNÉDICT-HENRY RÉVOIL.

LIMOGES
EUGÈNE ARDANT ET Cie, ÉDITEURS.

LES

PEUPLES SAUVAGES

I

LES LAPONS.

Depuis plusieurs siècles, les nations civilisées de l'Europe se sont laissées raconter des récits erronés et fantastiques publiés par les voyageurs qui ont visité la Laponie. Plusieurs de ces touristes affirmaient que ces peuples sauvages étaient poilus comme des animaux, c'est-à-dire qu'ils s'imaginaient que la couverture des Lapons étaient tout simplement leur peau naturelle.

Un de ces explorateurs déclara être certain que ces peuples du Nord, nouveaux cyclopes, ne possédaient qu'un seul œil placé au milieu de la poitrine. Récemment, du temps de sir Walter Ralleigh, on avait encore cette croyance; seulement, les peuples doués de cet unique appareil visuel habitaient l'Amérique du Sud et non point le pays des glaces.

Et pourtant les Lapons, — peuple très-intéressant à étudier, — n'ont pas besoin d'être représentés autrement qu'ils ne le sont en réalité. La forme de ces hommes, leurs vétements, leurs habitudes, leurs travaux et leurs moyens de subsistance, les montrent sous des aspects si différents des autres êtres de la création, que l'on s'intéresse aussitôt à leur personne.

Nous ne nous arrêterons pas à rechercher quelle est l'origine de ces habitants du Nord : Viennent-ils de l'ouest, du sud, ou de toute autre direction, ou bien ont-ils vécu sur ces terres glacées de pius la formation du monde; aucun indice ne nous servirait de guide.

A tout prendre, le Lapon est affilié ou apparenté aux Esquimaux du nord de l'Amérique, aux Groënlandais ou aux Samoïèdes, aussi bien qu'aux Touskis et autres peuplades qui résident vers le nord.

Tous sont de petite taille, tous ont les mêmes mœurs, à peu de chose près, mais rien ne prouve qu'ils soient de la même famille.

Les lieux d'habitation, le climat du sol qu'ils occupent, ont amené cette similitude. Quant au langage si apprécié par les ethnologistes, il est de peu d'importance et ne guide en rien dans cette circonstance. Les noirs de la Caroline, les Saxons aux yeux bleus, et les Peaux-Rouges, tous parlent aujourd'hui une langue qui, dans trois siècles d'ici, sera encore leur façon de se comprendre entre eux. Il ne faut point pour cela donner à ces peuples une seule et même origine. Une langue commune indique que deux peuples ont eu des rélations ensemble, mais non point qu'ils appartiennent à la même race. C'est un jalon pour se renseigner sur d'autres points correspondants, qui indique la valeur des affinités entre telle ou telle population.

Peu nous importe donc de savoir d'où viennent les Lapons : il nous suffira de connaître les lieux qu'ils habitent et quelles sont leurs mœurs actuelles.

Prenez la carte de l'Europe et tracez une ligne allant du golfe de Vandalas, dans la mer Blanche, jusqu'au milieu des îles de Loffoden, sur la côte de Norwége, et vous aurez découpé la carte de la Laponie.

C'est vers le nord que se trouve, à proprement parler, la terre des Lapons ; ses limites sont plutôt imaginaires que réelles ; car, en réalité, il n'existe pas de division politique pour la Laponie, du moins depuis près de trois siècles.

On raconte bien qu'autrefois... il y avait un royaume de Laponie, mais on n'a trouvé, nulle part, des preuves à ce sujet. Rien ne prouve que ces gens-là aient joui d'une civilisation plus sérieuse que celle que'on leur connaît de nos jours. Les Lapons, ressemblent donc aux Esquimaux, à cela près que les premiers ont réussi a dompter un animal ruminant et qu'ils ont des notions de la religion chrétienne.

Au-dessous de la ligne que nous avons indiquée, les vrais Lapons sont mêlés aux Finnois, race toute différente qui s'est implantée au milieu de leur territoire pour le coloniser.

Il est indispensable, croyons-nous, de donner quelques explications ethnologiques, afin de bien faire comprendre ce récit. Les Lapons se donnent la qualification de *Samlahs*, tandis que les Danois et les Norwégiens nomment les Lapons *Finns* ou *Finlandais* et les Russes *Laps*.

Nous ferons remarquer que les Finlandais n'ont aucun rapport comme race avec les Lapons ; ils sont agriculteurs, résident dans des villages ou des fermes, et n'aiment en aucune façon la vie nomade et pastorale que les Lapons préfèrent à toute autre.

Nous pourrions dire comme comparaison que rien ne ressemble moins à un Cafre, qu'un Hottentot ou un Boschiman.

Les Finlandais, ainsi désignés par les géographes, ne sont pas des Finns à proprement parler. Les Russes, les Suédois, les Danois et les Norwégiens les appellent *Gvians*. Les vrais Finlandais, ce sont les Lapons. Leur pays est pourtant réclamé par les Norwégiens, les Suédois et les Russes, qui ont avancé leurs frontières sur le territoire Finlandais, et prélèvent tous les trois des taxes sur les Lapons.

A vrai dire, ces populations n'ont pas de pays proprement parlant. Elles sont nomades sur cette portion du territoire où on les trouve ; car, depuis plusieurs siècles, elles ont perdu la propriété du sol, qui est divisé en trois sections appartenant, l'une à l'est, à la Russie (c'est la plus considérable), l'autre au sud, à

Suède, et la troisième au nord et à l'est, le long de l'océan Arctique, et l'Atlantique à la Norvège.

Chacun des gouvernements, que je viens de nommer, a tracé ses limites et a voulu imposer aux Lapons ses façons de penser au sujet de la religion. Les Russes ont prêché la foi grecque, tandis que les Suédois et les Norwégiens ont voulu lui faire adopter la scission de Luther avec l'Eglise romaine. Quoiqu'il en soit, la foi des Lapons n'est pas d'une très-grande pureté, et, une fois éloignés de la frontière de l'un ou de l'autre de ces pays, ils reviennent volontiers à leurs superstitions, ce qui prouve qu'ils sont toujours païens.

Le pays habité par ces peuples nomades est un terrain chaotique formé d'un amas horrible de roches brisées, amoncelées, de montagnes élevées, de vallées entrecoupées par des ruisseaux, qui vont se jeter dans des lacs ou dans des fleuves.

Plusieurs de ces lacs, celui d'Enaro entre autres, sont couverts d'îles, à ce point, qu'un dicton local affirme qu'un Lapon n'a jamais vécu assez longtemps pour les parcourir toutes. Dans d'autre endroits les yeux se reposent sur des cimes altières couvertes de neiges éternelles; plus loin, sur des roches ardues aux flancs tapissés de verdure, plus particulièrement d'arbres de l'espèce des bouleaux et des sapins.

Enfin, dans certaines parties, le territoire est complètement privé de verdure et couvert seulement de lichens, qui servent à la nourriture des rennes et offrent à la vue l'aspect d'une couche de neige grise.

Quand vient l'été, la nature se révèle par différentes

apparitions de verdure; la rose sauvage y fleurit même en répandant ses parfums. De nombreux arbrisseaux fournissent des baies bonnes à manger. Mais cette belle saison est de courte durée, et malheureusement les taons, les moustiques et les mouches rendent le pays inhabitable, même pour les Lapons eux-mêmes; aussi s'empressent-ils de fuir du côté des montagnes en y emmenant leurs troupeaux.

Les Lapons, qui sont de très-petite taille; — un mètre cinquante ou soixante au plus. — Il y a cependant une différence de stature entre les Lapons du nord de la Norwége, qui sont plus grands que leurs congénères de la Suède et de la Russie. Tous sont forts et replets : leurs yeux sont longs, les pommettes de leurs joues saillantes, comme chez tous les Mongols, leur bouche large et leur menton pointu; ils ont les cheveux noirs ou châtain foncé, en général, quoique, sur la côte, les blonds et les blondes ne soient pas rares. Indubitablement c'est aux unions entre les Lapons et les Norwégiens, Russes ou autres peuples, que cette bizarrerie doit être attribuée,

Les Lapons ont très-peu de barbe, quelques-uns même n'en ont point, et cette particularité est commune aux Esquimaux et aux Groënlandais.

La forme du corps est peu gracieuse, quoique très-musculeuse. En général, ils sont plus forts qu'on ne pourrait le croire. Leur activité est reconnue et ils peuvent supporter facilement les plus grandes fatigues, quoiqu'ils soient moins agiles qu'on ne les représente. Les voyageurs, en les voyant courir sur la neige, n'avaient point remarqué les patins dont ils se servent pour cet usage.

Ces curieuses peuplades ont des petits pieds et des mains mignonnes, ce qui est encore une ressemblance avec les Esquimaux. Leur voix n'a rien de masculin, elle est rude et criarde. Leur teint est en apparence très-brun, quoiqu'il ressemble fort à celui des Portugais et des Espagnols, mais il paraît se rapprocher de celui des Indiens de l'Amérique du Nord. En un mot, les Lapons sont « enfumés » et salis, car ils vivent invariablement dans des tourbillons de fumée.

Les Lapons, moralement parlant, ressemblent peu aux autres nationalités avec lesquelles ils sont en rapport : ils sont égoïstes, peu charitables et très-moroses. Etrangers à l'affection; quand ils sortent un instant de cette torpeur, ce n'est qu'une étincelle électrique, qui brille et à déjà disparu. Le mariage pour eux est affaire d'intérêt. Telle femme ou telle autre, peu leur importe; celle qui possède une douzaine de rennes de plus que l'autre sera la préférée.

L'hospitalité est une vertu qu'ils ignorent. Ils n'aiment pas les étrangers et se demandent toujours ce qu'ils viennent faire parmi eux, à moins qu'ils n'aient à traiter avec quelques marchands, russe ou norwégien, qui vient échanger de l'eau-de-vie pour des peaux de rennes ou autres pelleteries, produit de la chasse.

Dans toutes les transactions commerciales, les Lapons emploient la ruse, et l'on ne soupçonnerait jamais jusqu'où va leur intelligence à cet égard. Le papier est un moyen d'échange qu'ils abhorrent; car ils ont été dupés de la façon la plus ignoble par une banque établie dans le pays, sous le nom de l' « Anglo-Bengali. »

Dénués de courage, les Lapons ne résistent point à l'oppression. Battus par un Russe, un Norwégien ou tout autre étranger, ils ne lui rendent point coup pour coup, mais ils se mettent tout simplement à pleurer.

Et cependant ces petits êtres montrent du courage dans certaines circonstances. Se trouvent-ils en danger dans leurs pérégrinations, ils sont très-énergiques. La fatigue ne les rebute jamais et la tradition raconte qu'ils étaient autrefois aussi belliqueux qu'ils le sont peu aujourd'hui. Toujours armés d'un grand couteau, ils ne le tirent jamais du fourreau, et le meurtre est inconnu dans ces pays sauvages.

S'ils sont amenés à se quereller avec quelqu'un de leur tribu, les uns et les autres se contentent de s'administrer des coups de pieds et des soufflets, s'arracher les cheveux et à se tirer les oreilles. En un mot, ils ont peur les uns des autres.

Autrefois les Lapons avaient la plus grande foi dans les sorciers, et si le christianisme a effacé ces superstitions, elles se font pourtant encore jour de temps à autre.

L'amour filial et l'affection entre parents sont des qualités inconnues en Laponie. Le fils va de son côté dès qu'il est assez fort pour subvenir à ses besoins et ses parents ne s'occupent plus de lui. La fille est abandonnée à l'homme qui offre la plus grande quantité d'eau-de-vie à son père et à sa mère.

La jalousie est un défaut ignoré. Comment en serait-il autrement ?

Mais les Lapons aiment à s'enivrer, c'est là leur vice intime ; plus l'eau-de-vie est forte, plus ils l'apprécient et rien ne prouve que la tempérance puisse être jamais pratiquée dans ce pays lointain. Par bonheur ces ivrognes n'ont pas souvent l'occasion de se griser, car ils ont peu de choses à vendre pour se procurer leur boisson favorite.

Les vêtements des Lapons méritent une description particulière. On les voit coiffés d'un grand bonnet pointu fait avec du drap appelé wadmal, ou d'une grosse serge qu'ils se procurent dans leurs échanges. Ce bonnet terminé par un gland est bordé par une bande de fourrure de renne ou de loutre.

Leur corps est recouvert par une houppelande de peau de renne, dont le poil est placé en dehors et qui est serrée à la taille par une ceinture de cuir fort large. C'est dans ce ceinturon que les Lapons placent leur couteau ; ils y appendent également des poches pour contenir leur pipe, leur tabac et une cuillère. Leurs pantalons sont également de peau de renne ; ils descendent de la ceinture aux rotules, et leurs pieds sont protégés par des bottines fourrées attachées pardessus le pantalon. Il ne faut pas oublier les gants qui complètent leur costume.

Les femmes portent des vêtements tout pareil à ceux des hommes, à cette différence près, que le bonnet plus façonné. Mais l'absence totale de linge est commune chez les deux sexes.

Tel est le costume d'hiver; quant à celui porté pendant la saison chaude, il est fait de wadmal de couleur : la teinte écarlate est celle des Lapons riches. Des bottes de cuir, agrémentées de broderies, de métal doré ou argenté et quelquefois de plaques d'argent complètent ce vêtement, dans lequel il ne faut pas oublier la ceinture, ornement considéré comme indispensable.

Celui qui voudrait obtenir d'un Lapon la cession d'un pareil vêtement, devrait offrir des sommes considérables.

Les Lapons qui habitent les montagnes changent peu leur costume, ils se contentent de l'ouvrir quand il fait trop chaud. En hiver, ceux qui vont en traîneau se couvrent les épaules d'une fourrure d'ours, dont les griffes doivent être très-apparentes.

Les Lapons sont divisés en trois castes : Lapons des bois, Lapons des montagnes et Lapons de la côte.

Les premiers occupent les forêts de la Laponie russe, et vivent du produit de leur troupeau, de leur pêche et de leur chasse. Celle-ci consiste en animaux de toutes sortes : hermine, petit gris, blaireaux, martes, ours, renards et loups.

Les Lapons des montagnes n'ont pour moyens d'existence que les ressources de leurs troupeaux de rennes : la chasse et la pêche contribuent rarement à leur nourriture.

Quant aux habitants des côtes, ils vivent exclusivement de poissons et trafiquent du surplus de leur pêche avec les marchands russes, qui viennent faire des échanges parmi eux.

La vie de tous les Lapons est nomade. Ils possèdent généralement cent rennes et, à moins d'être à la tête d'un pareil nombre d'animaux, il leur est impossible de se nourrir confortablement. Si l'on ajoute encore à cette quantité de têtes de bétail et qu'on aille jusqu à mille, quinze cents ou deux mille, on parviendra à l'extrême limite de la richesse d'un père de famille en Laponie. Les plus fortunés sont à la tête de trois à cinq cents rennes et c'est déjà fort joli.

Les habitants de cette contrée vivent ordinairement sous la tente, quelle que soit la rigueur du climat. Les Lapons ne se construisent pas de maisons.

Faite en peau de renne ou de drap wadmal, cette habitation est dressée sur des billes de sapin recourbées de façon à former toit : c'est là dessous qu'ils se blottissent eux et leur famille, avec leurs chiens et leurs domestiques, couchés, debout, respirant comme ils le peuvent, devant un feu allumé au milieu. Le long des parois de la tente sont dressées des sortes de tablettes où sont espacés les fromages, les quartiers de viande conservée, les vases de lait, les vessies remplies de sang et maint autre objet destiné à l'usage commun.

Dès que le printemps se manifeste, les Lapons, qui ne veulent pas être dévorés par les insectes, au lieu de rester dans les endroits verts, s'enfuient vers les pays glacés. Sans cela les mouches à vers pénétreraient dans les boyaux de leurs rennes et y déposeraient des larves qui, écloses, produiraient des vers dont la présence serait mortelle pour ces animaux.

Ils se hâtent donc de charger sur le dos des plus forts animaux les objets indispensables à leur existence : la marmite de fer, quelques vases, des plats, la tente et des pelleteries pour s'y coucher. Le reste est amarré sur des bâts hissés sur le dos des rennes, qui emportent aussi le berceau des enfants.

Le voyage est bien long; et les Lapons le prolongent jusqu'à ce qu'ils aient atteint les montagnes élevées qui forment la crête de la Norwége et qui dominent la mer.

Il faut, selon la croyance de ces peuples, que leurs troupeaux puissent voir les eaux salées pour se bien porter.

Dans ce but, ils vont s'établir dans des îlots où la garde des rennes devient inutile ; car, dès qu'ils sont arrivés là, à la suite de leur maître, ces animaux restent autour de la tente comme des chiens, sans jamais songer à s'éloigner. Une fois installés, les Lapons se livrent au plaisir de la pêche, fabriquent des fromages, destinés à être vendus plus tard aux marchands, afin de se procurer de l'eau-de-vie.

Une fois l'été passé, les Lapons rentrent dans leurs quartiers d'hiver. Les grosses mouches ont disparu et ils se trouvent alors très-heureux. Leur tente est dressée de nouveau et les rennes peuvent brouter à leur aise le lichen qui a considérablement repoussé, et qui est recouvert de neige. Mais à l'aide de ses pattes l'animal ne tarde pas à découvrir cette herbe préférée, qui l'engraisse et le met à point pour devenir viande de boucherie.

Lorsqu'ils veulent tuer un de ces animaux, les Lapons leur plantent leur couteau dans les jugulaires et laissent couler le sang, jusqu'à ce que mort s'en suive ; de cette façon, ils n'en perdent pas une goutte et peuvent remplir les vessies.

La saison de plaisir des Lapons, est la saison des frimats. Ils déménagent souvent à cette époque et se plaisent à porter çà et là leur tente et à se régaler de leur mieux.

La cuisine des Lapons est très-primitive : dans leur marmite il font bouillir un morceau de renne, sans légumes et sans épices, voiré même sans sel. Quand la viande est tendre à point, ils la retirent de la marmite et la dépècent par morceaux qu'ils se partagent entre chaque membre de la famille. La viande se mange sans pain, et les Lapons trempent chaque bouchée dans la graisse.

Le bouillon leur sert à se désaltérer; c'est donc là un repas très-primordial, mais, eu égard au goût de venaison de la bête, cette nourriture n'est pas mauvaise.

L'angélique est une plante qui croît en quantité dans la Laponie, et les habitants en croquent les feuilles et les tiges, sans toucher à la racine. C'est un anti-scorbutique dont ils connaissent probablement les propriétés.

Joignons à ces différents mets les baies diverses : la groseille sauvage, les mûres, les myrtiles qui, à l'encontre de ce qui se passe en Europe, restent appendus aux branches pendant l'hiver jusqu'au retour du printemps. Les Lapons mangent ces baies telles qu'elles, ou bien en fabriquent avec elles une sorte de pudding à l'aide de lait de renne caillé. Ils coupent ensuite ce mets par tranches et s'en régalent en guise de dessert.

Une grande friandise des Lapons est le lait glacé de la renne. Il suffit, pour obtenir cette douceur, d'exposer le lait à la température extérieure et le tour est fait. Ce lait ainsi gelé se conserve tout l'hiver comme de provision. Les marchands en font commerce et donnent en place cette maudite eau-de-feu, qui fait les délices de ces peuples sauvages.

Les Lapons se lancent souvent à l'aventure, soit pour se rendre à leur église, soit pour s'en aller vers la côte, soit en montant leurs traîneaux, soit en se servant de leurs patins (souliers de neige.) Ils s'éloignent ainsi à travers les pays recouverts d'un linceuil blanc et glacé, sans redouter les moindres obstacles.

Le *pueka* (le traîneau des Lapons) est fait de trois façons différentes. Deux sont destinés aux voyages, le troisième sert de moyen de transport pour les bagages. Les traîneaux pour les excursions sont façonnés de même, avec cette différence qu'ils recouvrent ceux d'hiver, afin d'être mieux garantis contre le froid. Ces véhicules ressemblent à un canot d'environ deux mètres de long, dans lequel le voyageur est très à son aise. La quille est posée sur deux billes de bois polies et façonnées en forme de patins. Tout cela est capitonné avec des fourrures et recouvert de même.

L'attelage se compose d'un seul renne, harnaché de la façon la plus primitive. Une bande de cuir autour des épaules de l'animal sert de collier. A un petit plastron vient aboutir une courroie qui passe entre les jambes du quadrupède et se relie à un anneau placé à l'avant du traîneau. Les guides se composent d'une simple lanière de cuir serrée à l'andouiller de gauche du bois de la bête.

La voix du maître et le mouvement imprimé à cette guide suffisent pour diriger le renne, qui a cependant quelquefois des mouvements de mauvaise humeur et se retourne en colère contre celui qui le guide. Dans ce cas le Lapon se fait un rempart de son *pueka*, et attend ainsi que l'ire du renne soit apaisée.

Il arrive aussi que le traîneau verse; mais c'est là un très-petit accident, car rien n'est plus facile à relever. La rapidité d'un voyage de Lapon est de quatre cent milles par jour. Mais les chevaux pourraient également accomplir un pareil tour de force.

Les souliers de neige ou patins des Lapons ressemblent fort à la *raquette américaine*.

A dire vrai, c'est un sabot long, fait avec deux planches recourbées vers l'avant. La droite est plus courte que la gauche. Ces planches, bien fixées aux pieds du Lapon, lui permettent de franchir de très-grandes distances. Il tient alors dans sa main un long bâton terminé par deux boules, sorte de balancier au moyen duquel il court en zigzag à la montée ou descend rapidement, en évitant les rochers avec la plus grande adresse.

En somme, les Lapons, tout en vivant près des territoires de la civilisation, n'en ignorent pas moins tous les progrès qui marquent notre XIXe siècle.

II

LES ESQUIMAUX.

Parmi les races d'hommes étranges, il n'en est pas qui ont plus vivement captivé la curiosité de nos compatriotes et des peuples civilisés de l'Europe, que celle des Esquimaux. Ces créatures humaines attirent l'attention, bien moins sans doute par leur étrangeté, même par leur sauvagerie, en somme très-relative, que par la différence bien tranchée due au climat rigoureux qu'elles habitent.

La contrée où vivent les Esquimaux forme une bande de terre peu profonde, mais qui fait presque le tour du monde vers la région du pôle, étant donnée la communauté d'origine plus que probable qu'ont, avec les Esquimaux proprements dits, les *Tchouktches* avec les Lapons et les Samoïèdes.

L'usage veut, toutefois, que l'on distingue ces deux dernières familles des deux précédentes et qu'on ne comprenne sous le nom d'Esquimaux que les habitants de la zone polaire dans le Labrador, le Groënland et jusqu'à l'Océan Pacifique.

Quant aux *Tchouktches*, espèce qui se rapproche bien plus des Esquimaux d'Amérique que nos Lapons du Nord-Européen et les Samoïèdes du nord-ouest de l'Asie, ils occupent la fraction orientale de cette dernière partie du monde, et ne sont ainsi séparés de leurs frères d'Amérique, que par le détroit de Behring.

Mais si la race des Esquimaux, qu'on a jadis appelée souvent *Eskimau*, et même *Eskimo*, occupe un territoire très-prolongé en largeur, on ne pourrait en dire autant de son étendue en hauteur. Ces peuples ne quittent jamais les côtes, et ne s'en éloignent pas, même pour la chasse, à plus d'une journée de marche. Ils parcourent seulement les régions désertes et désolées du cercle polaire.

C'est, en effet, de la mer ou de son approche qu'ils tirent leurs principaux moyens d'existence ; aussi les trouve-t-on encore assez communément établis dans les îles, soit sur l'Océan Pacifique, soit sur la mer Arctique.

Les Esquimaux ne sont pas beaux ; toutefois leur physionomie n'a rien de repoussant; elle est même loin d'être désagréable. Leur visage est plat ou plutôt renflé aux joues, de telle sorte que leur nez semble écrasé entre elles.

L'angle du front est assez incliné, et la tête assume la forme de la poire, quoique l'occiput paraisse rond et plus large que le front.

Ajoutons que ces peuples sont de petite taille et particulièrement assez courts de jambes ; car ils ne se livrent sans doute pas assez à l'exercice de la marche.

Il est rare qu'on rencontre chez eux des hommes dépassant 1 mètre 75 centimètres. Encore n'est-ce pas la grandeur moyenne. Ceux qui dépassent cette taille et qu'on rencontre chez les Esquimaux à titre d'exceptions, sont considérés dans le pays comme des phénomènes. Le teint des Esquimaux est brun-clair, mais il devient plus foncé en vieillissant, et la peau, surtout à l'époque où arrive la décrépitude du visage, prend un ton tellement sombre que les vieillards, hommes et surtout femmes, sont un objet de dégoût pour les voyageurs.

Et cependant le caractère de ces peuples devrait leur concilier plutôt la sympathie. Bien moins sauvages que certains peuples mieux favorisés sous le rapport du climat et du sol, ils doivent tout à leur industrie, et si le manque de propreté inspire souvent de la répugnance, il faut se demander ce que deviendrait telle autre race, transportée dans des régions où la vie matérielle est si pénible. Il en est de même de leur probité qui, en général, et particulièrement entre eux, est parfaite. Il serait injuste de la juger sur quelques détournements d'outils commis par eux sur les équipages de certains navires explorateurs ; ce sont là des cas exceptionnels. Le besoin, chez ces peuples peu civilisés, s'est trahi par une trop rapide et trop coupable convoitise.

Nous l'avons dit plus haut, l'Esquimau est chasseur

et pêcheur, et c'est de ces deux professions qu'il tire sa subsistance. Aussi, malgré l'absence des ressources qui permettent aux autres peuples de construire des armes perfectionnées, des moyens de transport nécessaires, déploie-t-il, d'une façon éclatante, son intelligence dans la confection des objets qui lui sont indispensables.

Il s'est d'abord bâti un traîneau au moyen duquel il voyage à son gré sur cette terre toujours glacée, pendant neuf mois sur douze.

Il existe des traîneaux de toutes formes et même de toutes matières, bien que les éléments manquent en général, et consistent souvent uniquement en os tirés des baleines, en ivoire de morse, en bois arrachés aux rennes. Le véhicule est long; on en a vu de quatre mètres, souvent de trois ou trois et demi. La partie qui sert à ces sortes de rouleaux de peaux de phoques ou de morses, garnis à l'intérieur de boue épaisse que le froid fait congeler, ce qui leur donne alors la dureté de la pierre. Une couche de neige glacée vient ensuite recouvrir ce singulier patin auquel, dans d'autres moments, on substitue souvent, quand le froid diminue, une autre sorte de fabrication faite d'un os pris à la machoire d'une baleine. Si les Esquimaux avaient du bois, ils l'emploieraient de préférence, mais le plus généralement c'est avec des os d'animaux qu'ils fabriquent le plancher et la caisse de leurs traîneaux.

Ils attellent à ces véhicules des chiens, au poil abondant et long, de couleur blanche ou tirant sur le jaune dont la taille est médiocre, et dont la forme offre une grande analogie, comme conformation, avec les chiens-loups de Sibérie, qui ont fini par se répandre dans beaucoup de nos campagnes.

Cette race dévouée et courageuse est pour les Esquimaux d'un secours précieux. Ceux-ci habituent leurs compagnons à quatre pattes à tirer le véhicule, auquel ils les attachent par de petits câbles, faits de nerfs d'animaux filés en assez grand nombre. Ainsi attelés d'un groupe de plusieurs chiens, les traîneaux volent plutôt qu'ils ne courent sur ce sol glacé.

Avec ce moyen de transport, les Esquimaux ont leur pirogue qu'ils appellent *kayak*, et dont la construction est très-remarquable. Figurez-vous une grande chaloupe pontée, qui n'a pas plus de soixante centimètres de large, et qui est longue en revanche de sept à huit mètres.

De l'étrave à l'étambot du navire, l'axe de pontage n'est infléchi que par une très-légère tonture, au centre de laquelle une cavité ronde, munie de bords en forme d'iloire, permet de pénétrer dans le dessous, autrement dit, la cale.

Le bord d'avant plus élevé est orné d'une baguette d'ivoire; mais ce qui rend singulier la construction de cette petite merveille navale, c'est qu'il n'y a pas de cale proprement dite au kayak, ce n'est qu'une charpente légère supportant le pontage. Une longue baguette règne tout du long de la pirogue, sauf à l'endroit de l'iloire. Sur cette baguette sont entées une vingtaine de pièces d'os de baleine. A moins que la mer n'ait laissé, sur les rivages habités par les Esquimaux, quelques épaves de bois qui puissent leur servir, ce sont là les seuls éléments employés pour la construction du kayak. Ces vingt pièces sont destinées à maintenir la distance des côtés de la charpente, formés par une soixantaine de morceaux d'os ou de bois creusés, qui viennent se consolider sur une dizaine de baguettes légères attachées extérieurement dans le sens de la longueur, et formant un fond rond à ce vaisseau à jour. Ceci fait, les Esquimaux posent deux plats-bords (planches), ayant environ dix à quinze centimètres à leur centre, et finissant en mourant aux deux bouts de la pirogue : le tout est recouvert de peaux de phoque ou de morse.

Ainsi construite, la frêle embarcation est si légère, malgré sa longueur, que l'Esquimau peut facilement la transporter sur sa tête. En revanche, elle est extrêmement instable sur l'eau, et il faut toute l'habileté du sauvage navigateur des mers polaires, pour qu'il lui soit facile de la diriger à son gré à l'aide de sa pagaie.

Assis comme il l'est, dans une ouverture où il a placé pour siége une fourrure, il se trouve tellement enchâssé, qu'il lui est presque impossible de faire un mouvement sans être aidé de quelqu'un. Aussi, en prévision de cette difficulté, les Esquimaux marchent-ils ordinairement deux à deux, côte à côte, chacun dans son kayak, et, par suite, prêts à se prêter quelque assistance.

De plus, grâce à cette méthode, ils peuvent souvent, en réunissant leurs pagaies pour servir d'étais, former avec les deux pirogues un édifice maritime qui ne fait plus qu'un tout, et qui, par conséquent, est plus solide.

Les pagaies dont se servent les Esquimaux sont très-habilement faites; longues d'environ dix pieds, larges d'une dizaine de centimètres aux deux bouts, et très-minces au centre. Un coupant en ivoire borde la partie large et lui donne plus de force pour agir sur le flot.

Les Esquimaux construisent encore une autre sorte de petit canot à fond plat, et qui n'est employé que par les femmes.

Avec ces moyens de transport, une autre fabrication vient encore préoccuper notre sauvage. Ne lui faut-il pas des armes de chasse et des engins de pêche, et les construire presque sans le secours du bois qui lui fait le plus souvent défaut? Une arête de poisson, un morceau d'ivoire de morse taillé, en formeront la pointe que la rareté du fer, plus inconnu que le bois, rendrait une besogne difficile à mener à bien.

Voici d'abord l'arc fait en cornes de renne ou d'ovibas, les deux grands gibiers de plaine du pays des Esquimaux; parfois c'est un os de baleine qui sera substitué à ces deux matériaux. Longs d'un mètre environ et tendus en sens inverse, quand ils ne sont pas armés par un réseau de nerfs filés, qui leur donnent une force considérable, ces arcs ont une corde formée de boyaux d'animaux sauvages, qu'on ne tord ensemble qu'au moment de se servir de l'arme.

Un carquois en peau de phoque renferme, non-seulement les flèches terminées par des os aiguisés, ou garnies d'une pointe de fer, de pierre dure, d'ivoire, mais encore l'arc lui-même.

A côté de l'arc, voici un instrument appelé par l'Esquimau *ip-pou-tou-you*, lance légère que termine une pointe d'ivoire. Parfois à cette arme, qui prend alors le nom d'*ounak*, vient s'ajouter une sorte de vessie de phoque formant flotteur, et une ligne à laquelle est appendu un hameçon gigantesque. D'autres fois l'*ip-pou-tou-you* n'est qu'une simple lance, mais alors il affecte des proportions beaucoup plus grandes. L'Esquimau qui l'appelle dans ce cas *ka-té-tik*, s'en sert pour achever les animaux déjà blessés.

Ce ne sont pas là tous les ustensiles de chasse et de pêche des sauvages du Groënland.

Ils ont encore une espèce de fourche de trois dents empruntées aux poissons que l'on appelle les narvals et les morses. Ces fourches servent à frapper le poisson et le gibier à plumes ; on les appelle *noogh-houit*. Vient ensuite une longue baguette d'os avec laquelle il pourra sonder une crevasse de la barque, s'il suppose que quelque phoque y a établi sa demeure.

L'Esquimau porte en outre une sorte de ligne qui a le même but et qui n'est pas destinée à atteindre le phoque, mais bien à signaler sa présence par ses mouvements.

Enfin, des aiguilles en ivoire complètent l'attirail du chasseur qui s'en sert pour recoudre les blessures des bêtes qu'il a frappées, afin de ne pas perdre leur sang, qui, pour lui, est un véritable régal.

Les Esquimaux ainsi équipés partent, suivant les saisons, pour différentes expéditions. L'hiver, fort long, fort rude, est l'époque où ils font la guerre aux phoques et aux diverses espèces d'amphibies.

Du succès de cette chasse aux phoques, dépend pour ces hommes sauvages, non-seulement la nourriture mais encore l'habillement, l'éclairage et le chauffage. Que d'habileté et de persévérance ne faut-il pas à l'Esquimau pour atteindre sa proie, mise en éveil par la guerre continuelle que lui fait d'un autre côté l'ours polaire?

Si la mer n'est pas congelée, la chasse est plus facile. Il est vrai que si les phoques viennent dormir sur le rivage, ils placent toujours l'un d'entre eux en sentinelle; mais, les chasseurs esquimaux peuvent encore surprendre celle-ci avant qu'elle n'ait donné l'éveil. Il est vrai que souvent c'est à fleur d'eau que dorment les amphibies et qu'un plongeon est bien vite fait ; mais les Esquimaux emploient un moyen ingénieux, qui consiste à attacher à son harpon une vessie de poisson ou de phoque même, préalablement gonflée. Cette vessie a l'avantage d'indiquer la route de l'amphibie, quand le harpon a pénétré dans son corps et qu'il paralyse ses efforts pour nager.

Quand le froid glacial a solidifié la mer, le phoque se trouve pris sous la croute de glace, il faut alors que l'Esquimau emploie la ruse pour le retrouver et l'atteindre. Mais comme l'animal est obligé pour trouver sa subsistance de vivre sous la glace, il ne peut se passer de venir de temps à autre respirer l'air extérieur, il a soin de faire un trou et d'empêcher qu'il ne se bouche. Quand l'Esquimau a découvert cet orifice, il va s'y placer à l'affût.

Le phoque est très-ombrageux ; il se défie du moindre bruit, et s'effraie de la forme humaine; c'est alors de la peau même du phoque que l'homme se revêt. Il attend la bête en dodelinant comme elle de la tête.

Parfois, quand les ressources sont épuisées, que l'hiver avec sa nuit, qui dure trois mois, l'empêche de se livrer à toute autre chasse qui puisse subvenir à ses besoins, c'est en restant à l'affût, pendant plusieurs heures à l'entrée du trou où vient respirer le phoque, qu'il parvient à conquérir sa proie.

Après avoir enlevé la neige autour du trou, il se façonne une sorte de hutte avec quelques morceaux de glace, la recouvre et l'entoure de neige fraîche. Cela fait, il attend. Quand le phoque veut venir respirer, il vient nécessairement se glisser hors l'étroit conduit qu'il s'est ménagé à dessein. L'Esquimau frappe, avec l'*ip-pou-tou-you*, l'animal qui, encore sous la neige, ne voit pas son ennemi. C'est une vraie bonne fortune pour l'Esquimau, quand au lieu du simple phoque commun, il a affaire à un morse ou à un narval.

Ces animaux ont de belles défenses, d'un ivoire plus estimé que celui de l'éléphant, soit pour l'usage, soit pour l'échange, et les Esquimaux le considèrent comme une véritable richesse. Tout dans le morse : viande, huile, graisse, peau, os, muscles, doit servir à l'existence de la famille dont le chef a fait une si belle prise, et si l'animal est gros, il servira pour quelque temps de provision à ces malheureux.

Quand la mer n'est pas entièrement glacée, ce sont les baleines que vont chercher les Esquimaux. S'ils en prennent une seule, c'est l'abondance assurée pour toute une saison, seulement cet heureux événement est bien plus rare.

Dès qu'une baleine est signalée, toutes les pirogues des habitants d'un village se mettent à sa poursuite et cherchent à la cerner; mais au lieu de lui lancer comme le feraient les baleiniers en général des harpons retenus par un câble, les pêcheurs esquimaux attachent aux lances le ballon de peau de phoque bien gonflé d'air. Quand plusieurs de ces dards ont pénétré dans les flancs du cétacé; celui-ci, malgré sa force peu commune, éprouve, quand il veut plonger, une résistance qui s'augmente à chaque nouveau coup qui le frappe. Enfin, il lui devient impossible de plonger, ou d'avancer; on l'attrappe alors à la lance, et le cétacé ne tarde pas à succomber. Il est aussitôt traîné à terre. On le dépèce aussitôt, et on place la chair sur des échafaudages élevés, afin qu'elle ne devienne pas la proie des loups ou des autres animaux pillards. Il n'est pas besoin d'autres soins. Le froid se charge à lui seul de la conservation de cette provision, qui durera parfois tout un hiver.

Le seul grand gibier que chasse l'Esquimau, avec l'ovibas, ou bœuf musqué, c'est le renne qu'il n'est pas arrivé, comme le Lapon et le Samoïède, à utiliser comme animal domestique. Il faut cependant excepter les Esquimaux d'Asie ou Tchoucktches, qui tiennent sans doute ce procédé de leurs voisins les Samoïèdes.

Chasser le renne et le bœuf musqué est donc une des principales occupations d'été du Groënlandais. Pour le premier, c'est encore à la ruse que le chasseur doit pour la plupart du temps ses succès. Il se cache derrière un buisson et imite le bramement du renne. Des animaux se détachent du troupeau, trompés par ce bruit, et se dirigent vers le chasseur. La flèche siffle sans bruit, le renne tombe, sans que sa mort puisse empêcher un de ses congénères d'être pris au même piége.

A la même époque, l'Esquimau, qui a quitté pour un instant les bords de la mer et est venu s'établir près des lacs et des cours d'eau douce de l'intérieur, se sert encore de l'arc pour abattre nombre de cygnes, de canards sauvages et autres gibiers à plume, que la mue empêche de voler. Les œufs et les couvées dont il a pu s'emparer, sont rangés dans le fond du kayak.

Il fait aussi la chasse à coups de flèches aux poissons ; sa pêche est très-abondante.

Telles sont à peu près les mœurs des Esquimaux. Ce chapitre ne serait pas complet si nous ne disions quelques mots de leurs habitations et de leurs costumes.

L'habitation d'hiver est faite de neige entassée et durcie. Il place aux ouvertures des vitres taillées dans la glace. Il ne faut pas croire que ce genre d'édifice est plus froid pour cela ; il est même susceptible d'être chauffé.

Une description faite par le capitaine Lyons peut donner une idée de la perfection de ces maisons de glace, bien qu'elle s'applique à des édifices déjà importants, et qu'on trouve nombre d'habitations plus sommaires. Le logis consiste en un couloir fermé par une porte d'un mètre de large qui aboutit à une rotonde en forme de dôme carré ; lequel ne compte pas moins de deux mètres et demi d'élévation. Cette première salle commande deux ou trois autres pièces semblables. Les vitres sont toutes composées d'un bloc de glace, d'une largeur de soixante centimètres environ, enchâssées dans le dôme et éclairant d'une façon très-douce l'intérieur au-dessus de la porte. En une heure ou deux, deux hommes réussissent à élever une semblable construction : l'un coupe les blocs de glace, l'autre les place, et la température se charge de leur cohésion. Les lits sont des sortes de banquettes élevées à hauteur d'appui, et sur lesquelles on met en guise de matelas quelques peaux de bêtes, ou bien des fanons de baleine, soit encore quelques feuillages de cette bruyère américaine, connue sous le nom d'andromède.

Les couvertures sont remplacées par de chaudes fourrures, ou des peaux de rennes ornées de pendeloques, ou de lanières d'autres peaux. Un baquet de bois servant à toutes sortes d'usages, une tablette formée d'un bloc de neige durcie auprès de chaque couchette, et un appareil pour faire sécher les habits détrempés par l'humidité, forment à peu près tout le mobilier.

Ce dernier meuble se compose de deux *ounaks*, rejoints par une sorte de grand cerceau et recouverts d'un tissu de mailles irrégulières. On y jette les objets qu'une lampe placée au-dessous fait sécher. Les lampes sont faites en pierre, et on en suspend plusieurs pour le chauffage à ce cadre-séchoir. Au-dessus d'elles, dans un récipient également en pierre, est la graisse de phoque ou de baleine qui, chauffée, vient tomber sur une mèche grossièrement faite de mousse sèche ou d'amiante, et sert à son entretien.

Certaines de ces lampes atteignent différentes grandeurs ; il en est de même pour les marmites dont plusieurs sont très-grandes, tandis que d'autres ont à peine la contenance d'une ou deux tasses. Le rang et la situation des épouses (car l'Esquimau est polygame), influent sur l'importance et le nombre des ustensiles.

Nous parlerons enfin du costume pour terminer ce chapitre : les peaux et les fourrures préparées sont les seuls objets d'habillement. Généralement aussi les vêtements sont doubles ; dans celui de dessous le côté fourré est tourné vers la peau, tandis que la fourrure est apparente dans le vêtement de dessus. Ces habits sont une sorte de pelisse, munie d'un capuchon, coupée droit sur le devant au-dessus du genou, et fermant bien sur la poitrine, mais retombant par derrière en une sorte de traîne arrondie, presque jusqu'à terre. Fait-il du vent? Cette tunique de dessus est serrée à la taille par une ceinture. Le vêtement qui forme la chemise, pareil comme forme, mais moins épais, a en moins le capuchon. Une seconde pelisse faite de peau de renne, et qui, quoique munie de manches, reste souvent flottante sur les épaules, vient compléter l'ajustement quand il fait très-froid. Deux paires de culottes, l'une sur l'autre, tombant jusqu'aux genoux, viennent rejoindre deux paires de bottes en peau de phoque superposées et entre lesquelles on porte une sorte de chaussons. Par dessus tout cela une chaussure, qui ressemble à nos souliers, vient encore garantir le pied du froid. Il va sans dire que l'été, on simplifie un peu cet appareil. Les chaussons sont placés directement dans une seule paire de bottes à semelle en peau de morse, et d'une solidité suffisante pour éviter les superpositions ordinaires de chaussure.

Quand vient l'été, on substitue aux culottes fortes et doubles, des pantalons courts, façonnés avec des matières plus légères, souvent en peau de cygne ou d'oie sauvage, les plumes en dedans.

Les femmes sont presque vêtues comme les hommes. La tunique est un peu plus longue, le capuchon plus large : telle est la principale différence du costume.

Dans cette sorte de sac, elles portent pendant trois ans leurs enfants entièrement nus. Des espèces de bretelles soutiennent le capuchon et viennent, après avoir passé sous les bras, se rattacher sur la poitrine. La culotte des femmes est semblable à celle de leurs maris, mais elle diffère toutefois par la disposition des fourrures. Chez ceux-ci, les peaux sont rayées de fourrures claires et foncées, tandis que les femmes ont placé la couleur claire en avant et la foncée en arrière ; cette différence de parure est d'ailleurs peu appréciable. Ce qui l'est davantage, c'est la différence dans la chaussure. Les femmes affectent d'en porter d'énormes, qui ressemblent fort aux anciennes bottes fortes de nos coursiers, et qui sont reliées à la taille par une sorte de tablier de peau.

Quand les enfants sont en âge de quitter le giron maternel, on les habille d'un vêtement entier d'une seule pièce, emprunté à la peau de quelque jeune animal. La tête même du jeune renne devient la coiffure du baby, et le fait ressembler à un petit quadrupède. Tous ces vêtements d'ailleurs sont ingénieusement décorés de divers agréments, telles que marqueterie de fourrure, broderies de perles, ou bandes de cuir découpées ; les dents des animaux ou les morceaux de dents de narvals viennent encore s'ajouter comme parure.

Les Esquimaux n'ont ni organisation politique, ni religion. Ils ne connaissent pas de chefs et vivent pour eux, par groupes, sans jamais avoir de contestations entre eux. Leur crédulité, à certaines supercheries ou sortiléges, ne ressemble en rien à une croyance régulière.

III

LES GÉANTS DE LA PATAGONIE.

La plupart de nos lecteurs ont entendu parler des géants de la Patagonie. Depuis la découverte de leur pays, par Magellan, on a raconté bien des histoires sur leur compte : la première, c'est qu'ils étaient pareils aux Titans, et que leur taille était près de douze pieds, que leurs épaules et leurs poitrines correspondaient à cette stature. On ajoutait même que pareil au colosse de Rhodes, un homme pouvait passer entre leurs jambes sans baisser la tête.

Depuis trois cents ans, on sait réellement peu de chose de nouveau au sujet de ces indigènes du sud de l'Amérique australe. Quelques voyageurs seulement ont eu des rapports avec ces sauvages dangereux ; on sait que, malgré la proximité des colonies espagnoles de sol Patagon, la plupart des établissements des Argerlias sont en mauvais état de culture, presque abandonnés, et qu'alors les Patagons restent chez eux, sans relations avec les descendants des Européens.

Ce qui est certain, de nos jours, c'est qu'il faut considérer comme une fable, la taille sans pareille attribuée aux géants patagons. En réalité, cette stature de Titan, est tout au plus de deux mètres quinze centimètres, tandis que les plus petits Patagons ont tout au plus un mètre quatre-vingts centimètres de hauteur.

Après tout, ce sont des hommes de belle taille, plus grands, généralement parlant, que tous les autres peuples du monde entier. C'est déjà une singularité ; mais dans les mœurs et les coutumes de ces peuplades, on trouve encore des bizarreries bien plus curieuses à signaler.

J'ajouterai que le beau sexe patagon est relativement aussi grand que le sexe masculin, c'est-à-dire en proportion comme partout dans la race humaine. La plupart des femmes sont d'un grand embonpoint et peuvent réellement passer pour des colosses, à l'instar de leurs maris, pères, frères ou cousins.

Les Patagons n'ont rien de commun, ni par la taille, ni par les mœurs avec les Fuéziens qui, d'ailleurs, vivent au dehors du détroit de Magellan. Lorsqu'un navire passe dans les *sharts*, le navigateur peut apercevoir d'un côté, à l'aide de sa lunette, un splendide Patagon. Debout sur un rocher, ses épaules sont recouvertes d'un manteau de pelleterie de guanaque ; il tient une lance à la main, et de l'autre côté, il voit accroupi, sur la plage détrempée, un Fuézien rabougri, malingre, les os saillants, tenant entre ses doigts un arc et des flèches, et grelotant sous les peaux malpropres et effilochées, qui servent à le vêtir.

Malgré la proximité de ces deux peuples, il n'existe pas le moindre rapport entre eux. Les Fuéziens qui pourraient, eu égard à leurs nombreuses embarcations, traverser le bras de mer pour se rendre en Patagonie, s'abstiennent de se risquer auprès des Patagons, et ceux-ci semblent croire qu'ils n'ont rien à gagner en se rendant sur l'autre continent.

La Patagonie s'étend sur toute la partie de l'Amérique du Sud, qui va de la frontière espagnole, qui est la République Argentine, jusqu'au détroit de Magellan. Elle est bordée d'un côté par l'Océan Atlantique, à droite en regardant le nord ; de l'autre, à gauche, par la mer Pacifique.

La limite nord, entre la République Argentine et la Patagonie, est le Rio-Négro, la plus vaste rivière de l'Amérique du Sud. La Patagonie proprement dite, occupe une étendue de territoire de trois cents kilomètres de longueur, sur trois cents de large, c'est-à-dire une étendue plus grande que la France ou l'Espagne, en Europe. Il ne faut pas croire que le pays des Patagons soit la continuation de celui que l'on nomme les Pampas, qui va de la Plata au versant oriental des Andes. La Patagonie est un pays de plaines, à l'exception de la partie traversée par les Cordillières. Les habitants aiment peu le voisinage des pics élevés; ils préfèrent le séjour de leurs plaines, qui n'ont rien de commun avec les Pampas. Dans cette dernière contrée, le voyageur se heurte à chaque pas contre des chardons et des artichauts sauvages, tandis que vers la base des montagnes on ne trouve que des taillis rabougris, entremêlés à des herbes géantes. Au contraire, les plaines de la Patagonie, dont le sol est calcaire et couvert de porphyre et de basalte, sont presque dépourvues de végétation. Le long des ruisseaux, au milieu des vallées, on trouve bien des plantes vertes et des arbustes, mais il n'y a pas un seul arbre qui soit propre à donner de l'ombrage. Çà et là on traverse des marécages salins ou saumâtres, quelques rares sources d'eau potable, des collines, mais pas la moindre montagne, excepté dans le sud, à l'endroit où les Cordillières élèvent leurs cimes majestueuses, couvertes de neige.

A vrai dire, la Patagonie est un désert aride, et ce qui le prouve aux yeux des naturalistes, c'est la présence dans ces pays d'oiseaux qui ressemblent fort à l'autruche. Ce sont les nandous (*shathio rhees*), et les nandous de Darwin (*strathio darwinic*). Le premier de ces oiseaux vogue des Pampas au détroit de Magellan, tandis que le second ne remonte jamais vers le nord. D'autres grands volatiles fréquentent également les steppes de la Patagonie. On y trouve des condors qui volent au loin, jusque sur les rives de l'Atlantique, et se perchent sur les falaises pour y bâtir leurs nids. Il y a ensuite les polybores (les vautours-aigles). Le « carrancha » le chiniango et de nombreux palmipèdes ordinaires. Les pumas fauves et les renards azara circulent également à travers le pays.

Tous ces oiseaux, tous ces animaux, à l'exception de l'autruche, appartiennent à la race des carnassiers, à laquelle il faut de la chair pour vivre.

Où trouveraient-ils ailleurs ce qu'il leur faut pour leur subsistance? Sans doute, ce n'est pas le nandou qui la leur fournit, car cet oiseau sait et peut se défendre lui-même.

Les aigles et les vautours chassent des perdrix et deux sortes de pluviers, ce qui ne suffit pas à leur alimentation; aussi la nature prévoyante a-t-elle fait naître sur cette terre des taupes (*terateros*) et des souris qui pullulent partout. Le nombre de ces rongeurs est si considérable, que l'on se demande de quelle façon, à leur tour, ils peuvent vivre.

Mais les vautours, les aigles, les pumas n'aiment que les grands et les gros morceaux, et il y a dans le pays des Patagons des animaux, qui seuls peuvent alimenter une race aussi solidement bâtie que celle de ces indigènes. Ces animaux, ce sont les guanaques, appartenant à l'une des quatre espèces de lamas, que l'on trouve dans l'Amérique du Sud, dans le nombre desquels il faut compter la vigogne et l'alpaca. La vigogne et le guanaque sont les seuls qui ne se trouvent qu'à l'état sauvage. On trouve ces quatre espèces de *moutons-chameaux* (camel sheep) sur les plateaux des Andes, depuis la Colombie jusqu'au Chili. Mais le guanaque, particulièrement circule jusqu'aux bords de l'Atlantique, sur les rives de la

Plata. Cet animal est particulier à la Patagonie : on le rencontre souvent par hardes de vingt à trente individus, mais bien plus souvent encore par troupeaux rassemblés de quatre à cinq cents têtes de bétail.

Le puma, après le Patagon, bien entendu, est le plus grand ennemi des guanaques, et c'est sur les restes des repas de ce carnivore que vivent les vautours, les condors et les aigles.

Le guanaque, très-rapide dans sa course, serait difficilement mis à mort par les Patagons, et plus particulièrement par ceux qui ignorent ses mœurs, s'ils n'étaient pas en si grand nombre. Le Patagon qui veut se livrer à la chasse des guanaques, s'enquiert d'abord du lieu où se trouve la harde. Ces animaux paissent habituellement sur les déclivités des collines, tandis qu'un vieux mâle surveille l'horizon, afin d'éviter toute surprise. Au moindre indice de danger, la sentinelle pousse un sifflement qui tient quelque peu du hennissement du cheval. A ce signal, toute la harde fuit au galop vers un autre point du territoire, et s'arrête enfin, toujours en ligne, afin de savoir quelle est la cause de cette alarme. Mais si par hazard, le danger menace et qu'il faille encore fuir, la confusion se met dans les rangs, comme cela arrive à un troupeau de moutons surpris par un loup, les guanaques courent de ci, de là, et se jettent au devant du péril qu'ils voudraient éviter,

Les Patagons, à qui ces folles terreurs sont bien connues, se gardent bien de chasser les guanaques, seuls, au chien d'arrêt. Bien au contraire, ils se rassemblent en grand nombre et armés de leur *chuzos* — sortes de lances en roseaux de cinq mètres de long. — Montés sur des chevaux rapides, on les voit s'avancer en bon ordre dans la direction des lieux hantés par les guanaques.

Dès qu'ils aperçoivent ces animaux, ils agissent avec les plus grandes précautions. Leur but est d'entourer la harde à l'aide des chiens et des chevaux, et pour cela ils lancent leurs montures au galop en tournant en cercles immenses, comme ils le feraient sur un hippodrome, et en poussant des cris propres à épouvanter d'autres bêtes moins timides que les guanaques. Il faut surtout conduire le troupeau vers une colline désignée à l'avance, et quand les animaux y sont arrivés, le massacre commence. A coups de *chuzos*, les Patagons attaquent le gibier et le jettent bas rapidement.

Tandis que les hommes à cheval entourent la bande de quadrupèdes, d'autres chasseurs à pied appuient les chiens, et si quelque guanaque échappe de ci, de là, ils se jettent sur lui, ils l'ont bien vite atteint et massacré.

Les guanaques sont moins intimidés par l'homme que par le chien. Ils ruent comme le font les moutons et les ânes aux prises avec l'homme, mais se couchent quand un chien se jette sur eux.

Les mâles se livrent souvent entre eux à des combats terribles, comme le font les cerfs à certaines époques de l'année; seulement, au lieu de se transpercer à coups d'andouillers, qu'ils ne possèdent pas, c'est avec les dents qu'ils s'entredéchirent sans pitié.

Un fait singulier, c'est qu'il est bien plus facile d'aborder un, deux ou trois guanaques qu'une bande entière. Dans ce cas le sentiment de la curiosité l'emporte sur celui de la peur; et, à l'aide d'un chiffon rouge ou blanc attaché au bout de sa lance, le Patagon n'a plus qu'à faire quelques feintes pour arriver jusqu'à douze ou quinze pas de l'animal.

Outre le chuzos, les Patagons ont encore à leur disposition comme arme de chasse les *bolas* — deux pierres arrondies par le frottement (travail fait par les femmes) et qui sont enroulées, cousues dans un morceau de peau de guanaque. L'une de ces « boules » est et doit être plus petite que l'autre.

Munis de cette arme, les Patagons qui ont découpé deux lanières de cuir dans une peau de guanaque, pour leur servir de courroies, attachent à chaque extrémité une des pierres rondes.

Ce sont là les « bolas » et dès leur plus tendre enfance, ils les manient avec la plus grande adresse.

Tous ces hommes sauvages lancent ces lanières à une très-grande distance, de façon à ce qu'elles s'enroulent autour des jambes de l'animal qu'ils veulent abattre. Bien souvent ils atteignent leur but à trente ou quarante mètres, et le coup est certain, l'animal tombe les jambes brisées, le corps meurtris.

La manière de se servir de bolas est facile à expliquer. Les Patagons les tiennent seulement de la main droite, et, après les avoir fait tourner un certain nombre de fois autour de leur tête, de façon à amener la force centrifuge, ils les lâchent avec une habileté telle qu'il est rare que l'autruche, le guanaque ou le cerf poursuivis par eux ne tombent pas sur le sol.

Qu'il soit à pied ou qu'il galoppe sur son cheval, le Patagon se sert de ses bolas avec une adresse sans égale. Le spectacle de ces chasses est vraiment très-curieux.

Dans certains districts de la Patagonie, on a ajouté une troisième courroie aux bolas, mais cet appendice est inutile. Le Patagon a également essayé les boules de bois ou de fer, quand il a pu s'en procurer. Les blocs de fer sont ceux qui portent à la plus grande distance.

Bien souvent les Patagons s'emparent des guanaques vivants, dans le but de les apprivoiser. On peut voir fréquemment de jeunes sujets broutant près des tentes d'un campement indigène : les uns sont attachés à un piquet par une courroie, les autres sont tenus en laisse par un enfant. Ces animaux servent non-seulement aux plaisirs des familles, mais encore à leur alimentation. Mieux encore les jeunes guanaques sont employés en qualité d'appelants, c'est-à-dire qu'on les emploie pour attirer leurs congénères dans des piéges, afin de les tuer à l'aide des bolas.

Dans ce but, on attache le jeune guanaque à un buisson, derrière lequel se cache le chasseur qui imite le cri de la mère, comme le ferait un vrai ventriloque.

Le prisonnier répond à cet appel, et bientôt les guanaques arrivent pour tomber victimes de leur amour maternel ou paternel.

Sans ces perfidies inventées par les chasseurs patagons, ceux-ci se lanceraient inutilement à la poursuite de ce gibier ; car le guanaque très-craintif, peu disposé à se défendre, cherche à fuir dès qu'il devine le danger. C'est bien inutilement que les Patagons exciteraient leur chien à courir sur les guanaques ; ils reviendraient bredouille avec eux.

Aucun animal, voire même les antilopes, n'est capable de rivaliser de vitesse avec le guanaque ; et bien souvent le chasseur, en voyant une harde fuir à l'horizon, s'imagine que ce sont de grands oiseaux qui prennent leur vol.

A certaine époque de l'année, le printemps, par exemple, le guanaque est plus rapide dans sa course. Rien n'est plus fréquent que de voir une harde prendre l'alarme, et s'enfuir avant même que le chasseur ait pu deviner sa présence. La finesse de la vue des guanaques est telle qu'ils devinent plutôt qu'ils ne voient le chasseur. C'est pour cela que le chasseur à pied a bien plus de chances que celui qui est monté sur un cheval.

En Europe, le cavalier approche très-facilement la corneille, le corbeau, voire même la perdrix, qui sont dans les champs, le long de la route ; mais en Patagonie, l'homme monté a le talent d'effrayer le gibier.

Le Patagon, outre la chasse du guanaque, pratique encore celle de l'autruche ou plutôt du nandou. Le chasseur, pour arriver à ses fins, pose à l'affût quelques-uns de ses camarades. Et comme le nandou a l'habitude de courir droit devant lui (d'ordinaire contre le vent), le Patagon se lance à sa poursuite au grand galop, et, à l'aide du bolas, il réussit à jeter l'oiseau par terre.

Drake et plusieurs autres voyageurs racontent que le chasseur s'empare du nandou en se revêtant d'une peau de ces oiseaux, comme le font les Cafres de l'Afrique du Sud. Mais ce fait n'est pas probable. Les Africains, de petite stature, peuvent bien pratiquer ce genre de chasse ; mais les Patagons, ces géants de l'Amérique, pourraient difficilement se courber assez pour arriver à prendre la tournure de l'autruche de leur pays.

Les Patagons trouvent également des cerfs de grande taille (*cervus campestris*) dans les plaines de leur pays. La chair de ces animaux est très-estimée par les indigènes, quand ceux-ci l'ont enterrée pendant plusieurs jours dans un trou, afin de lui ôter ce goût de chèvre ou de bouc, qui lui est propre. Le cerf des Pampas prend peur des cavaliers dès qu'il les aperçoit : il connaît, à n'en pas douter, l'usage des bolas, et s'en éloigne avec autant d'appréhension que le font les corneilles à l'aspect des armes à feu.

Il est donc important d'arriver à portée de cet animal, et les Patagons sont obligés de ramper ou de se mettre en embuscade.

L'agouti fournit ensuite une ample nourriture aux Patagons. Ce lièvre du désert de l'Amérique du Sud, se terre comme les lapins, dont il a les mœurs plus que celles du lièvre d'Europe. On l'appelle *cavy* dans la Patagonie.

Le soir, au clair de la lune, ces rongeurs s'ébattent dans les champs au milieu desquels ils vivent, et ils ne fuient que quand ils entendent la voix humaine. Ces animaux pèsent souvent de dix à à quinze kilogrammes.

Les enfants patagoniens et les femmes font la « cueillette » des œufs de nandou, tandis que les géants chassent de grands animaux. Mais les nandous ne sont pas aussi féconds que les autruches, et c'est à peine si l'on trouve une vingtaine d'œufs dans les nids.

Les Patagons font également la chasse aux perdrix de leur pays (*nottruria major*). Cette capture s'opère généralement à cheval : ils fatiguent l'oiseau, et s'en emparent après l'avoir fait lever et l'avoir forcé à s'envoler cinq ou six fois.

Quand la perdrix cherche ensuite à se cacher sous un buisson, le chasseur, armé d'un roseau terminé par un nœud coulant, cherche à passer cette corde autour du cou de l'oiseau, et il le pêche littéralement à la ligne.

Ce tour d'adresse se renouvelle souvent une douzaine de fois par jour. C'est généralement à la tombée de la nuit que les Patagons se livrent à cette chasse. Car dès que l'ombre descend sur la terre, ce genre de poursuite devient impossible.

Les Patagons ont des mœurs toutes particulières.

Ils ne s'abritent jamais dans des maisons, et leur vie, tout à fait nomade, se passe à la poursuite du gibier. Quelquefois ils dressent une tente, et cet abri se compose de peaux de guanaques, cousues ensemble et posées sur des poteaux coupés dans les taillis. Ces grandes baguettes sont tendues comme des arcs, et c'est sous cet appui léger que les Patagons placent leur domicile portatif.

Examinez maintenant ce géant sauvage, s'avançant nu, les cheveux noirs flottants au vent, ou bien noués autour de la tête. Il est rare, qu'à l'instar des Peaux-Rouges, il place une plume de nandou dans cette crinière épaisse, car il se croit trop grand pour augmenter encore sa taille. Ses épaules sont couvertes d'un manteau, qui descend jusqu'aux pieds. Le froid a peu de prise sur lui; aussi le voit-on nu jusqu'à la ceinture. Ses jambes sont préservées par des bottes faites avec la peau d'une jambe de cheval écorché; telle qu'elle est, cette guêtre lui enveloppe les tibias en laissant les doigts de pieds en liberté. C'est ce genre de chaussures qui a amené les Européens à appeler les aborigènes du détroit de Magellan des « Patagons, » ce qui veut dire : *pied de canard.*

C'est en 1520, que les Espagnols aperçurent pour la première fois les indigènes de ce pays. A cette époque, les chevaux étaient inconnus dans cette partie de l'Amérique, mais trente ans plus tard, ces sauvages avaient pour leur usage des chevaux qu'ils montaient avec autant d'adresse que des cavaliers de nos hippodromes.

Mendosa avait débarqué les premiers chevaux dans les provinces où il construisit Buenos-Ayres et des rives de la Plata ; ce quadrupède, si utile à l'homme, s'était propagé dans toute l'étendue du pays. Le Patagon avait dès-lors un auxiliaire qui est devenu pour lui de la plus grande utilité.

Les Patagons ne sont point cruels ; et si un naufrage a lieu sur la côte, ils agissent avec adresse, mais sans sauvagerie. Ils oublient en cela les torts de Magellan, qui a plutôt agi comme un sauvage que comme un représentant de la civilisation européenne.

IV

LES NAINS DE LA TERRE DE FEU.

Le grand continent de l'Amérique du Sud qui, sur les cartes, ressemble fort à une langue relevée à son extrémité, se termine d'une façon abrupte au détroit de Magellan.

Ce passage peut être considéré, à juste raison, comme un canal naturel qui relie l'océan Atlantique à la mer Pacifique : il est contenu par de hautes falaises scindées par des anses et des baies et quelques îles plus ou moins importantes. Malgré la profondeur de l'eau, le détroit est tellement resserré que, quand un navire se hasarde dans ce canal, le timonier ne doit jamais perdre de vue les deux rives, pour bien tenir le milieu. En certains endroits, une coquille lancée d'un côté atteindrait l'autre sans difficulté.

Le pays, dans la partie nord s'appelle la Patagonie, tandis que l'île qui se trouve en regard, est la célèbre terre de Feu (*tierra del Fuego.*)

Le détroit, ou le canal si vous aimez mieux, ne communique pas directement d'une mer dans l'autre. Un navire qui va dans l'océan Pacifique doit d'abord courir vers le sud-ouest, plutôt même vers le sud, et, parvenu vers le milieu de sa navigation, remonter à droit angle parallèlement à sa première course dans le détroit, vers le nord-ouest. De cette façon, il émerge promptement dans le Pacifique.

On comprend que le détroit forme une sorte d'angle vers le milieu, et le cap qui se trouve en forme de coin dans cet angle, se nomme *Forward :* c'est la langue de terre qui semble pénétrer dans cet angle qui est la *terre de Feu*, quoique ce pays ne fasse pas partie du continent. Le célèbre cap Horn est la pointe de l'Amérique, qui se rapproche le plus du pôle-sud, et c'est une sorte de promontoire qui se trouve à l'extrémité de la côte sud de l'île nommée la terre de Feu. On s'imaginait autrefois que cette contrée ne formait qu'un seul minuscule continent, quoique Magellan rapporte dans ses voyages qu'il a aperçu différents courants de mer se dirigeant entre les îles. Ce navigateur eût pu se dire que ces bras de mer étaient tous des « diviseurs » de terre aboutissant dans une mer au-delà de la terre, le long de laquelle ils couraient.

Il est bien reconnu maintenant que la terre de Feu est une réunion d'îles, comme l'avait deviné le navigateur espagnol-portugais, séparées par des bras de mer.

Dans la partie la plus éloignée, tout à fait au sud, cet archipel est composé de grandes montagnes, dont quelques-unes ont près de mille six cents mètres de haut, taillées à pic dans la mer profonde. Çà et là, cependant, sur les pentes des vallées qui communiquent vers la mer, on aperçoit des forêts sombres qui entourent la base de ces rochers dénudés, couverts de glaciers ou de neiges éternelles.

Ces roches immenses, qui se terminent par le cap Horn, doivent être considérées comme la continuation des Andes, séparées par de vastes ravines de la chaîne-mère, car, sauf l'eau qui se trouve au fond des ravines, ces fissures géantes ressemblent aux *barraueas* et aux *quebradas* qui séparent si souvent en deux les Cordillières ou les Andes sur le continent américain, et plus haut dans les montagnes rocheuses de l'Amérique du Nord.

Vers la partie nord-est de la terre de Feu, — le détroit de Saint-Sébastien, — il y a diverses plaines qui ressemblent fort à celles de la Patagonie, et l'on y trouve des peuplades qui sont réellement de la race de ces derniers et non pas des Fuéziens, comme on s'est plu à le raconter. Cette erreur vient de ce que plusieurs voyageurs ont découvert là des aborigènes de grande taille, recouverts de peaux de guanaques et n'offrant point l'aspect chétif qui caractérise les Fuéziens. D'autre part, on sait que des hommes de forme malingre et d'une apparence frêle habitent sur la partie montagneuse de la Patagonie, du côté de l'ouest. En somme, il est prouvé que les Patagoniens ont traversé le détroit de Magellan, et ce sont eux et non point les Fuéziens que l'on aperçoit sur les plages dénudées du passage Saint-Sébastien. Les guanaques eux-mêmes ont traversé la mer à certains endroits, car on les rencontre, avec une race de cerf distinct, sur les montagnes de la terre de Feu. Il est à présumer que ce sont les guanaques — un animal indispensable à l'existence du Patagonien, — qui ont entraîné ces animaux ennemis de l'eau à entreprendre ce voyage périlleux à travers les canaux du cap Orange.

Dans cette partie de cet archipel sinistre, la passe est si étroite que, si les Patagons avaient été doués de la force d'élan attribuée aux géants des temps passés, ils eussent pu franchir d'un bond le fossé qui se trouvait entre cette île et l'autre, sans même se mouiller les pieds.

Il n'y a pas autre part dans le monde deux races aussi disparates que celles de la Patagonie et de la terre de Feu, qui vivent à côté l'une de l'autre. Le seul point de ressemblance de ces gens-là est la couleur de leur peau. Les Patagoniens ont la mer en horreur et ne s'y aventurent jamais. C'est à peine s'ils approchent des rives quand ils poursuivent le gibier; mais par contre leurs habitations sont loin du bord salé, et cela se comprend, car ils ne comptent pas le poisson comme une partie nécessaire de leur nourriture.

Les mœurs des Fuéziens sont bien différentes : ils

choisissent de préférence les rivages de la mer pour s'y fixer; l'élément liquide est celui qu'ils préfèrent, soit qu'ils se jettent à l'eau, soit qu'ils s'aventurent dans leur embarcation à la poursuite du poisson ou à la recherche des moules, et des coquillages dont ils se nourrissent. Aussi les lignes de démarcation sont-elles faciles à observer. Les Patagons résident dans l'intérieur, sur les montagnes, et les Fuéziens sur les rivages de l'Océan.

A l'ouest du cap Négro d'un côté, et sur le détroit de Saint-Sébastien de l'autre, on peut voir des pics ardus, aux pentes recouvertes de forêts verdoyantes, dont quelques-uns s'élèvent à mille trois cent trente-trois mètres au-dessus du niveau de la mer et sont couverts de neiges éternelles. Chacun de ces pics est séparé de l'autre par des fissures également revêtues d'une sombre végétation, bien souvent impénétrable, eu égard à leur nature broussailleuse. Ce genre de ronces est celui de toutes les îles de la terre de Feu et l'espèce appartient aux *Drymés* de l'espèce de Magnolvacée et au *Fagus betuolides*, une sorte de hêtre. Tous ces arbres sont de l'espèce à feuillage persistant. Ils sont de couleur jaune foncé, comme qui dirait des arbres d'automne, et c'est là un des aspects les plus curieux de cette nature australe, qui paraît désolée et triste au voyageur.

Joignez à cela la vue des glaciers, dont quelques-uns congelés comme de la pierre, ressemblent à des masses de verre arrêtées dans leur fusion, et vous comprendrez, amis lecteurs, toutes les hideurs de cette contrée si éloignée de la civilisation.

La terre de Feu n'est donc pas une grande île, mais un petit archipel formé de falaises à pics contre d'autres falaises, et au fond de ces fissures la mer coule comme dans un canal, noire comme de l'encre; mer dangereuse, car elle s'élève souvent en vagues énormes fort dangereuses pour les embarcations.

La qualification de « terre de Feu » vient de Magellan, qui aperçut sur les hauteurs de cette île de nombreux foyers allumés par les indigènes. Nul doute que ces feux ne fussent des signaux qui annonçaient de tribu en tribu la présence des navires espagnols, monstres inconnus jusqu'alors aux habitants du pays.

Suivant nous, cette qualification est inexacte. Il vaudrait bien mieux nommer cet archipel le « Pays des eaux, » car nulle part cet élément n'est plus abondant que dans ce coin du globe. Partout du haut des cimes, à droite, à gauche, l'eau coule, formant de vastes marécages, défonçant les chemins et les terres réduites à l'état de fange liquide.

Le climat de la terre de Feu est excessivement froid du commencement à la fin de l'année. L'été n'existe pas sous cette latitude, car la neige tombe en toute saison, et l'on a vu des hommes périr de froid, sans qu'ils fussent montés sur les montagnes.

Ce qui n'empêche pas qu'il y a des hommes et des femmes qui vivent là, comme partout ailleurs, car il n'existe pas sur la terre de pays inhabité par la race humaine et la race animale.

Cette dernière consiste, sur la terre de Feu, dans le guanaque qui, selon toute probabilité, est une importation du continent américain. On trouve seulement cette espèce ovine dans la partie ouest, dont le sol est plus ferme et où l'on aperçoit çà et là des prairies. Il y a également dans ces parages des cerfs et deux espèces de renards-loups (*Canis magellanicus*) et le *Canis azaree*. On rencontre aussi quatre sortes de rats et une chauve-souris.

Les mammifères sont en très-grand nombre dans ces parages, et l'on compte dans leurs rangs les baleines, les veaux marins et les loutres de mer. Parmi les rares oiseaux, nous citerons des gobe-mouches à huppe blanche, des pics à plumage noir orné d'une crête rouge, des grimpereaux, des roitelets, des gria, des étourneaux, des faucons, des hiboux et quatre ou cinq espèces de bouvreuils ou pinsons.

Parmi les palmipèdes, des canards grands et petits, des pingouins, des albatros, des mouches et enfin l'oie de Magellan, au plumage si remarquable. Pas de reptiles, peu d'insectes, sauf quelques mouches et quelques papillons. Les moustiques — cette plaie des autres pays de l'Amérique — sont inconnus dans les régions humides de la terre de Feu.

Passons maintenant aux habitants de ce pays déshérité, qui offrent peu d'intérêt sous le rapport physique et intellectuel. Il n'existe pas au monde un peuple, quelque sauvage qu'il soit, qui puisse être placé plus bas dans l'échelle sociale.

La taille des Fuéziens, du talon au sommet de la

tête, est de un mètre soixante-sept centimètres au plus. Les femmes ont seize centimètres de moins en élévation. Les uns et les autres offrent à la vue des membres émaciés, minces, malingres. La boîte osseuse du genou est énorme en proportion; les mollets sont absents. Les cheveux rudes sont d'une longueur démesurée et retombent enroulés comme des serpents sur les épaules nues, ainsi que le reste du corps. C'est à peine si quelques-uns recouvrent leur épaules d'une méchante peau de veau marin, dont le poil est placé à l'intérieur, à peine suffisante pour envelopper le corps du Fuézien qui grelotte quand même aux intempéries de l'atmosphère. Et encore quand le Fuézien marche, court ou se livre à une occupation quelconque, se débarrasse-t-il au plus vite de ce vêtement. Le froid devient-il intense, le vent souffle-t-il d'un côté, vite le Fuézien se garantit contre les atteintes de l'atmosphère avec cette insuffisante peau de veau marin.

Et pourtant, malgré ce manque de costume, le Fuézien manifeste des sentiments de coquetterie... qui le croirait? A l'exemple des sauvages et de certains peuples civilisés, il se peint, sur quelques parties du corps, des raies noires sur un fond blanc strié quelquefois de rouge ou de couleur de brique. Ces *nuances* sont obtenues : le noir, au moyen d'une décoction de charbon, le blanc, par l'infusion de coquillages broyés et réduits en poudre. N'oublions pas non plus des bracelets et des colliers de dents de poisson portés autour du cou, des poignets et des chevilles.

Les femmes se plaisent dans de pareils ornements et y ajoutent, aussi bien que les hommes, une tresse rougeâtre de poils de guanaque, qu'ils enroulent autour de leur front.

Les manteaux des Fuéziens se composent quelquefois de peaux de loutre marine et de cerf, qui sont plus larges et recouvrent mieux le corps. Mais d'ordinaire c'est à peine si ses vêtements ont la largeur d'un grand mouchoir, et l'on sait ce que l'on peut faire avec un mouchoir pour se couvrir.

Malgré l'épaisseur des cheveux d'un Fuézien, ni les uns ni les autres n'ont le moindre poil sur le corps : ni favoris, ni moustache, — comme les Esquimaux. — Et cependant leur aspect est farouche, l'expression de leur visage féroce à faire peur. Ajoutons à cela que les mœurs et les instincts répondent à ces façons de se produire. Si le Fuézien n'est pas ingrat pour les bontés que l'on a pour lui, il oublie volontiers de se les rappeler. Sa cruauté, sa vengeance sont terribles. Il n'y a pas de doute que les Fuéziens soient *cannibales*, car ils mangent non-seulement leurs ennemis, mais leur amis et les vieilles femmes qui sont sacrifiées sans pitié quand la faim le commande. Le fait est indéniable : il a été constaté par de nombreux témoignages. Plusieurs de nos lecteurs doivent se rappeler le massacre qui eut lieu, il y a quelques années, d'un équipage de navire et de quelques missionnaires amenés dans ces parages pour y apporter la civilisation.

Nous n'affirmerons pas que le cannibalisme soit d'un usage constant parmi les Fuéziens ; mais il est certain que dans l'occasion, poussés par la faim, ils ne se privent pas de ce régal.

La nourriture ordinaire de ce peuple sauvage consiste en coquillages, en viande de veau marin, en poisson cru, en oiseaux de mer, et la graisse de baleine — quand par hasard un de ces cétacés leur tombe sous la main — leur est particulièrement agréable, alors même que le poisson serait complètement corrompu.

Les seuls « légumes » qui fassent partie de la nutrition des Fuéziens, sont le fruit d'une espèce d'abouctier, très-abondant dans les terrains tourbeux, et un certain champignon qui pousse sur le tronc des hêtres : cryptogame rond comme une boule et de couleur jaunâtre, qui, quand il est frais poussé, offre une surface polie, un corps spongieux et mou, et qui, une fois mûr, ressemble à un rayon de ruche percillé de trous. Les Fuéziens mangent ce produit naturel, sans la moindre cuisson, en le mâchant de façon à l'amollir et à pouvoir l'avaler.

On trouve cependant dans la terre de Feu une espèce de céleri blanc (*Apium ancturticum*) et le cochléaria *cardamine anti-scorbutique;* mais les Fueziens ne les apprécient point. Ils n'en connaissent même pas les vertus curatives.

Il y a peu de choses à dire sur les habitations des peuples de la « terre de Feu » : ce sont plutôt des cavernes à bêtes fauves. Pareilles à celles des orangs-outangs de Bornéo, ces huttes sont composées de billes de bois implantées par un bout dans le sol et reliées en haut de façon à former pain de sucre. On jette sur cette carapace des bottes de jonc de façon à recouvrir le tout et la « maison » est ainsi achevée. Un seul côté de cette cahute reste ouvert, celui qui sert de porte et qui permet à la fumée du foyer de sortir. Or, comme cette ouverture est à peu près d'un huitième de la circonférence de la cabane, l'air y pénètre complètement. C'est un abri, mais non point une demeure. Pas de table, pas d'escabeaux, de bancs, de couchette. Une litière de joncs, et tout est dit. On ne constate dans ces « foyers » Fuéziens que quelques corbeilles destinées à contenir la moisson d'arbouses et des sacs de peau de veau marin pour y resserrer le poisson sec. Une vessie sert d'outre pour l'eau à boire; une ouverture pratiquée en haut de cette vessie permet à chaque membre de la famille d'y porter les lèvres pour se désaltérer.

Les armes des habitants sont des arcs et des flèches à pointe de pierre, des épieux et des lances à poisson, terminées par deux dents façonnées avec des os de lion de mer, des bâtons employés par les femmes pour décrocher les escargots et quelques couteaux fabriqués avec des coquilles de moules fort larges, très-tranchantes et suffisant même pour couper du bois dur.

Tout près de la hutte, on aperçoit le canot, hissé à quelques pas du rivage, comme la demeure elle-même, car le Fuézien ne réside jamais dans l'intérieur des terres où il fait de rares excursions. Ce sont les femmes qui se rendent dans les bois pour y récolter des baies et des champignons. Les bois n'ont pour ces peuples d'autre charme que celui de leur procurer des éléments de feu, et encore les transports sont-ils difficiles à travers les marécages.

Les embarcations sont faites d'écorce d'arbre : bien souvent la carapace d'un bouleau, taillée d'un seul morceau et cousue aux deux extrémités, sert à faire le canot d'un Fuézien ; quelques morceaux de bois tiennent le partie coupée ouverte, à la manière des bateaux des Peaux-Rouges de l'Amérique du Nord. Les fissures, les fentes sont calfeutrées avec de la résine. C'est à l'aide de ces embarcations que les peuples fuéziens s'aventurent dans les canaux, les bras de mer de leur archipel ; mais rarement les voit-on se livrer aux dangers de la pleine mer.

Les plus riches Fuéziens s'offrent le luxe d'une balainière plus compliquée, faite avec de morceaux d'écorce choisis, appliqués sur une carapace solide, qui a souvent de cinq à sept mètres de long et qui emportera toute une famille, tout son mobilier, de façon à explorer la côte et à trouver un autre coin de terre pour s'y établir plus confortablement. Les besoins de la vie poussent ces habitants à souvent changer de place.

Toutefois les Fuéziens trouvent plus sage de ne pas affronter la mer et de voyager par terre ; c'est surtout quand le vent souffle dur qu'ils éprouvent le besoin d'être prudents, sans cela leur frêle barque serait brisée en morceaux. Pour voyager ainsi, ils démontent leurs canots. Ils préfèrent les reconstruire et les goudronner à neuf. On voit alors chaque membre de la famille transporter une portion des écorces d'un poids proportionné à sa force.

Cette émigration est facile à comprendre, car au bout de quelque temps la partie du rivage où s'est tenue une famille fuézienne a été dévastée : il ne s'y trouve plus le moindre coquillage ; il faut donc s'éloigner. Or, comme il est plus facile d'aller à la montagne que de la faire venir à soi, les Fuéziens se rendent vers des parages nouveaux. C'est du simple bon sens et rien de plus.

De nos jours, certains habitants de la terre de Feu possèdent des tentes couvertes de peaux d'animaux, mais cet abri est en général fort grossier.

Pour se procurer du feu, ces peuples se munissent de pyrites de fer (*mundic*,) et produisent des étincelles qui, tombant sur de la mousse désséchée ou de l'amadou d'agaric, enflamme une poignée d'herbes sèches. Il ne reste plus alors qu'à jeter un fagot sur le foyer et le tour est fait. Seulement tous les matériaux sont généralement humides. Aussi, quand il est en voyage, le Fuézien emporte-t-il du feu avec lui. Ce qui n'empêche pas ces pauvres peuples de greloter, eu égard à leurs pauvres vêtements. Aussi le voit-on toujours trembler comme s'il était atteint d'un accès de fièvre.

Les Fuéziens n'ont pas de chef. La seule autorité reconnue parmi eux est le « sorcier, » et encore sa puissance est très-limitée. On ne leur connaît aucune religion : c'est à peine s'ils croient aux malins esprits et au diable.

Toutefois, ces peuples sans chef sont très-disposés à se quereller, et si les confins de chaque famille n'étaient pas très-distincts et séparés par des ravines et des îlots, barrières naturelles infranchissables de neige et de glace, ces nains batailleurs se décimeraient et s'entre-tueraient sans difficulté. Par bonheur pour ces peuplades, elles ne connaissent pas les armes à longue portée.

Généralement les Fuéziens — malgré leur facilité de se procurer du feu — mangent leur nourriture crue. Les poissons, la chair de veau marin, de pingouin, d'oie de Magellan, tout cela est dévoré sans cuisson. Le gras de baleine est avalé sans préparation culinaire, et quand un cétacé vient échouer dans ces parages, il faut voir tous les habitants se ruer sur ce cadavre, accourant de toutes les parties du pays, et s'emparer d'une grande portion de ce lard qu'ils emportent sur leurs épaules après avoir pratiqué un trou au milieu pour y passer la tête, comme fait le Mexicain pour se couvrir de son puncho. C'est jour de fête que celui-là, et l'on fait bombance.

Les Fuéziens font, comme les Esquimaux, la guerre aux veaux de mer ; mais leur façon d'opérer n'est pas la même. Au lieu de les poursuivre, comme ceux-ci, ils se cachent derrière un rocher, attendent leur proie et la percent à coups de javelots.

Les Fuéziens, qui se nourrissent de coquillages, ont la croyance qu'ils ne doivent jamais rejeter les écailles à la mer, car cela leur porterait malheur. « Il ne faut pas que les bivalves en vie apprennent qu'on les mange, » disent-ils ; aussi font-ils des tas de ces coquilles vides loin de la mer. C'est aux femmes que le soin d'empiler les écailles est dévolu.

Les Fuéziens recherchent aussi les « oursins, » qui sont énormes dans ce pays — deux fois gros comme des oranges, — et pleins comme des melons. Ce sont les femmes qui pêchent ces « châtaignes » de la mer, en plongeant comme si elles allaient chercher au fond de l'eau du corail ou des perles.

Le poisson que l'on prend sur les côtes de la terre de Feu est d'excellente qualité, et — détail curieux — les habitants se font aider dans leurs prises par des chiens ressemblant à des renards, malheureuses bêtes affamées dont ils ne songent même pas à récompenser les services en leur donnant à manger. Grâce à leur instinct, ces animaux savent amener le poisson dans des filets ou bien dans des criques aux eaux basses, où il est pêché à coups de flèches ou assommé avec des bâtons. Ces animaux ont l'instinct de la loutre et du phoque. C'est à peine si les Fuéziens leur donnent les os à ronger. Heureusement que ces bonnes bêtes savent où est la provision vivante, et elles ne se gênent pas de chasser pour leur compte. On les voit aussi se promener sur les côtes et dévorer les polypes, les étoiles de mer et toutes les épaves maritimes que la marée descendante a laissées sur le sable ou sur les cailloux. Ces chiens mangent aussi quelquefois une herbe salée, qui sert également à la nourriture de leurs maîtres, quand ceux-ci sont par trop affamés.

Il n'y a pas d'être sur la terre plus malpropre qu'un Fuézien. Il ne se lave jamais. L'usage de l'eau pour ce besoin hygiénique lui est aussi inconnu que pour se donner la mort.

Les habitants de la terre de Feu puent comme des renards et l'on peut dire, à juste raison, que ces peuples sont les plus ignobles brutes de la race humaine.

V

LES HABITANTS DES EAUX DU MACARAIBO.

Les montagnes des Andes, situées à l'extrémité de l'Amérique du Sud, dressent leurs cimes altières non-seulement dans toute la longueur de ce continent, mais elles s'élèvent encore à travers l'Amérique centrale et le Mexique.

On les a nommées, « les Cordillières de Sierra Madre. » Cette chaîne se prolonge ensuite jusque sur les rivages de l'Océan Arctique, et c'est ce prolongement que l'on appelle « les Montagnes Rocheuses. »

Qu'on ne s'imagine pas que cette longue courbe de rochers ressemble partout aux Alpes ou aux Pyrénées! En plusieurs endroits ces cimes bifurquent de ci de là, formant des éperons ou des Sierras divisées par des vallées immenses, ou des plaines d'une vaste étendue.

Dans certains endroits, les plateaux élevés à deux mille trois cent trente-trois mètres au dessus de la mer, sont spécialement habités par une population américo-espagnole. C'est là que se trouvent placées les plus grandes villes de l'Amérique du Sud et du Mexique.

Sur différents points, ces chaînes parallèles se rejoignent pour former des nœuds (*Nodas* en Péruvien), et, à une certaine distance de là, bifurquent de nouveau.

L'une de ces scissions les plus remarquables des Andes, a lieu vers le deuxième degré de latitude. La Sierra géante se sépare en deux cordillières, dont la forme est celle d'un Y. L'une va passer au milieu de l'isthme de Panama, tandis que l'autre forme l'extrême frontière de la grande vallée de la rivière Magdalena, et va enfin s'abaisser vers l'est, vers la côte nord de l'Amérique du Sud, jusqu'à la pointe du cap Paria.

Chaque branche de cet espèce de squelette de la terre, se divise et se subdivise ; on dirait un arbre généalogique de quatre à cinq générations.

Ce chapitre a trait seulement à la branche de la Sierra orientale. Lorsqu'on atteint la septième latitude nord, cette Cordillière se sépare en deux parties, qui, après avoir zigzaguées de l'est à l'ouest, reviennent l'une vers l'autre, comme avec l'intention de se réunir. La ligne occidentale se dirige directement pour rejoindre l'autre, tandis que la ligne orientale, après avoir « hésité » sur la direction à prendre, fait un violent écart pour abandonner sa « compagne » et s'en va vers l'est jusqu'au cap Paria.

Toute la masse de la Sierra, n'a cependant pas obéi à cet élan, car de temps à autre un éperon s'est éloigné pour revenir ensuite rejoindre l'aile gauche. Quelque éloignées qu'elles soient l'une de l'autre, ces branches des Cordillières ne se retournent point pour se souder à la chaîne principale; au contraire, elles s'abaissent vers les vallées et finissent presque toujours brusquement au milieu d'une plaine, en formant une sorte de fer à cheval.

Au milieu de ce demi cercle se trouve une vallée immense dont l'étendue est aussi grande que celle de toute l'Irlande, et au centre de ce territoire on aperçoit une mer importante qui, depuis l'époque de la découverte de l'Amérique, se nomme le lac de Macaraïbo.

L'appellation de cette nappe d'eau est attribuée au nom d'un cacique indien qui fût rencontré sur les rives du lac, par les premiers Européens qui découvrirent ce continent de l'Amérique.

Quoique cette partie du Nouveau-Monde eût été connue des premiers aventuriers qui y débarquèrent, il n'en est pas moins vrai, que tout en étant situé non loin du vaste territoire colonisé et bordé par la mer Caraïbe, le lac Macaraïbo et toute la contrée qui l'entoure sont restés aussi inconnus, aussi étrangers à la civilisation que les déserts du centre de l'Afrique.

Et pourtant la vallée du Macaraïbo est l'une des plus intéressantes du monde entier, non-seulement à cause des découvertes qu'il y a à y faire, mais encore eu égard à son paysage grandiose et aux produits particuliers que l'on y trouve.

On rencontre là une « faune » particulière et sa « flore » est la plus riche du monde, sans en excepter celle des tropiques. La liste de ces productions est la même que celle de la zone torride. Toutes les plantes médicinales sont réunies dans ces parages : le quinquina, la salsepareille, le gaïac, le cinchona, le cuspa (l'écorce d'angusture).

Viennent ensuite les poisons mortels, le *barbasco* et le *mavacare*, près desquels poussent leurs antidotes qui sont le *palo sano* et le *mikania guaco*. Il ne faut pas oublier non plus dans cette nomenclature, les arbres et les plantes tinctoriales de commerce, tels que l'indigo, l'arnatto rouge, le chica couleur de laque, le brazillette, le sandragon et les bois bons pour l'ébénisterie, ou propres à la fabrication des bâtiments, de couleurs rouge, or et noir.

Et pourtant toutes ces richesses sont enfouies dans ce territoire, comme des diamants au fond de la mine. On rencontre, en voyageant, quelques petits villages bâtis à l'entrée du lac, dont les habitants se livrent au cabotage, ou à la vente des bois d'ébène ou de teinture. Plus loin ce sont des cabanes de pêcheurs, ou une étable pour les chèvres et les moutons, soit encore une *guardaria* de bœufs ou de vaches, ou bien encore une plantation de *cocales*, qui indiquent la présence de l'homme. Mais tous ces établissements sont fort éloignés les uns de autres, séparés par des savanes et des forêts qui n'ont jamais été explorées.

Le lac de Macaraïbo a souvent été désigné comme un bras de mer; mais c'est un tort, car il y a là réellement un golfe situé sur la mer Caraïbe, à qui seul appartient cette qualification. Le lac rempli d'eau douce est séparé de l'Océan Atlantique par un canal étroit, dans lequel l'eau saûmatre ne pénètre qu'à l'époque des grandes marées, ou bien quand le vent du nord (le Norte) souffle avec violence et rejette les eaux salées dans le lac. Mais cet état de choses a peu de durée, car les nombreux cours d'eau qui se jettent dans le lac lui rendent bientôt sa limpidité ordinaire.

La forme du lac de Macaraïbo est remarquable : on dirait une barbe de juif, une guitare, le *bandolou* des espagnols de l'Amérique du Sud, et les natifs n'ont pas manqué d'en faire la remarque.

Une autre particularité du lac Macaraïbo, c'est le peu de profondeur de ses eaux vers les bords; il n'en est pas de même au milieu. Sur le rivage un homme peut avancer sans courir aucun risque de se noyer, alors même qu'il ne saurait pas nager. Mais il ne faut pas se risquer trop loin, parce que tout à coup l'on perdrait pied, comme si l'on tombait au fond d'un abîme. Tout fait donc supposer que le sol recouvert d'eau est une immense vallée submergée.

Un phénomène aussi extraordinaire est également remarqué sur les bords du lac Macaraïbo, et cela depuis l'époque de Christophe Colomb.

On peut voir la nuit, vers l'extrémité du lac, une

lueur phosphorescente qui sert de fanal aux pêcheurs et dont la lumière semble être le phare destiné à illuminer les eaux. C'est cette clarté naturelle que les marins nomment la « Lanterne », *le Foral.*

Différentes explications ont été données pour expliquer ce phénomène : les uns l'attribuent aux gaz s'échappant d'un marécage placé à l'embouchure de la Zalva, et l'on remarque généralement que la température de ces parages est plus élevée qu'ailleurs. Mais quoiqu'il en soit, on a observé qu'il n'y avait jamais d'explosions, et que cette illumination n'était point électrique.

De tous les traits particuliers du Macaraïbo, le plus intéressant, est sans contredit celui qui se rapporte à ses habitants, dont les mœurs et le genre de vie a toujours fait l'étonnement de tous les navigateurs.

Lorsque les Espagnols abordèrent sur les rives du canal près de l'entrée qui aboutit au lac, quel ne fut pas leur étonnement en voyant devant eux, non-seulement des maisons, mais encore des villages flottant au-dessus des eaux.

De plus près, ils se rendirent mieux compte de la situation : les habitations étaient bâties sur des pilotis enfoncés dans la vase. Ils songèrent alors à Venise couchée au sein des eaux de l'Adriatique, et ils donnèrent au pays le nom de Venezuela (petite Venise), appellation qu'il a conservée.

Une grande partie de ces demeures ont maintenant disparu; cependant il en existe encore de nombreuses sur le lac de Macaraïbo. On trouve çà et là, dans une anse, une maison isolée, et il y a quatre villages de cinquante à cent feux, bâtis sur les rives du lac.

Les habitants de quelques-uns des centres de population ont été instruits dans la religion chrétienne; dans l'un de ces villages on voit une église, également construite sur des pilotis.

Le matin et le soir, du beffroi de cette chapelle, la cloche tinte pour appeler les fidèles à la prière, ou pour leur rappeler qu'ils doivent implorer Dieu. Toutefois, les missionnaires espagnols n'ont pas encore réussi a répandre la lumière chez tous les peuples du Venezuela. Dans la province de Guajiro, les guerriers ont conservé leur indépendance et ils envahissent le territoire conquis par la religion et le militarisme.

Mais les habitants des eaux ont les mœurs moins farouches : ils aiment la paix et les bonnes relations. Ils se livrent aux travaux de la pêche, toujours très-fructueux, car nulle part au monde le poisson n'est plus abondant que dans le lac Macaraïbo.

De temps en temps les pêcheurs se donnent le plaisir de la chasse au gibier aquatique et à celle des autres oiseaux ou animaux qui foisonnent dans les forêts voisines du lac. Les cerfs, les daims, ont fait élection de domicile dans les Savannes ; tandis que les sangliers et les tapirs se sont multipliés à l'infini le long des rivages.

La principale occupation de ces habitants des eaux, c'est la pêche. De tous les peuples qui se livrent à cet exercice dans l'univers, ils passent avec raison pour les plus habiles.

Pour construire une habitation, le Macaraïbe cherche d'abord le sol qui lui convient le mieux. Il doit être situé dans un bas fond où l'eau n'est pas trop profonde, et cependant cet endroit doit être aussi loin que possible du rivage. Un banc de sable, un ilôt à quelques pieds sous l'eau font tout à fait son affaire. Dès que l'emplacement est trouvé, le sauvage y enfonce des pilotis taillés dans le bois de *vera* ou *palo sano*, autrement dit le gaïac, dont la dureté émousse la hache et défie la scie. Ces arbres atteignent quelquefois la hauteur de cent mètres, et les natifs du Venezuela s'imaginent que si on l'enfouit pendant quelque temps, il se change aussitôt en fer. Le gaïac s'appelle également « bois de fer », et quand on le plante dans l'eau, il devient réellement d'une dureté semblable à celle du fer, ou plutôt de la pierre.

Ce sont ces arbres précieux que les Macaraïbes emploient à faire les pilotis de leur demeure aquatique ; sur ces pieux servant de fondation, ils étendent des planchers d'un bois plus léger, le *bambou céiba* (arbre à coton) ou le cèdre noir, cèdre odorant de la famille des Méliacés, essence très-abondante sur les rives du Macaraïbo, qui servent également aux indigènes pour la construction de leurs canots.

La plate-forme une fois établie, à trois ou quatre pieds au-dessus de l'élément, on s'occupe à construire la maison habitable ; des bambous tressés à claire voies servent de murailles, et pas n'est besoin d'un abri plus sérieux, car la chaleur règne toute l'année. Quand vient la saison des pluies, les Macaraïbes recouvrent leur chaumière de feuilles d'énéa et de bananiers qui remplacent la tuile ou l'ardoise.

La nature dans ces parages est très-planturense et fournit à tous les besoins de ces habitants des eaux : les cordages, les câbles qui lient les poutres et les bambous, les radeaux et les mâts de leurs pirogues, sont façonnés avec les lianes (*sipos*) dont la solidité est à toute épreuve.

Voici donc la demeure du Macaraïbe terminée. Se demande-t-on pour quelle raison ces Indiens se logent ainsi au-dessus de l'eau? Est-ce pour fuir des ennemis plus forts qu'eux, des animaux féroces? Non point. C'est pour éviter la piqûre d'horribles moustiques qu'on nomme jéjens, zancudos, tempranéros, qui voltigent à de certaines heures du jour et de la nuit et montent la garde, au dire des indigènes, pour pouvoir piquer tout à leur aise les malheureux qui se trouvent exposés dans les parages qu'ils fréquentent. Ces parages, ce sont les marécages, les bords des eaux. Ils s'éloignent rarement des rives du lac et de sa vaste surface. Quelquefois le vent les transporte au loin, mais ils se plaisent bien mieux dans leurs paludes.

Comme on le voit, c'est pour éviter ces attaques incessantes, que les Macaraïbes s'établissent au milieu des eaux.

Suivant l'usage des peuplades de l'Amérique du Sud et même des latitudes plus froides, les habitants du Macaraïbo n'ont pas d'autres vêtements qu'une ceinture qui cache leur nudité. Ceux qui se sont faits chrétiens ont remplacé cette loque insuffisante par un jupon de cotonnade ou de fibres de palmiers, lequel retombe jusqu'aux genoux.

La nourriture de cette peuplade consiste en poisson. Les espèces en sont nombreuses. C'est le *liza*, une sorte de raie à la peau argentée et irrisée. Ce poisson de petite dimension est un manger exquis : les Macaraïbes le salent et le vendent aux commerçants des îles sous le vent : les Antilles. Le long du rivage de Margarita, les pêcheries de la *liza* sont nombreuses. Quoique poisson de mer, la liza se plaît dans les eaux douces et on la pêche à l'aide de seines fabriquées avec la fibre de palmiers, de bananiers, ou de l'agare cocaïza qui existent en abondance dans le pays. Les œufs de la liza, séchés au soleil, sont un mets exquis et sont très-recherchés par les commerçants.

Un poisson encore plus délicat, c'est le *pargo*, aux écailles blanches et rosées, que l'on pêche en abondance. Vient ensuite la *doncella* (la jeune fille) qui se trouve en si grande quantité dans une partie du lac, que l'on a appelé ce parage, la lagune de *Doncella.*

Les Indiens se livrent aussi à la pêche du *vagie*, énorme poisson dont la tête est monstrueuse et la gueule démesurée. Des barbes très-longues pendent des deux côtés de cette ouverture bucale. C'est à coups d'épieu ou de flèches que les Macaraïbes font cette capture. Vient ensuite le *cariste*, monstre en forme de boule d'un mètre de diamètre, qui est harponné comme le précédent. Il y a en outre *la viegita* (la vieille femme), qui dévore le fretin et les crustacés minuscules. On assure que ce poisson produit un son qui ressemble assez à celui d'une vieille qui babille.

La dorade, aux brillantes couleurs, se pêche à l'hameçon que l'on amorce avec un morceau de chiffon blanc. Il est indispensable que cet appât factice remue toujours ; de cette façon la dorade se jette sur l'hameçon et le happe au passage : elle est bien prise.

La *lebranche*, qui se promène par bandes épaisses; la *goubina* et diverses autres espèces de sardines, envoyées en Europe dans des boîtes de ferblanc, sont encore des poissons du Macaraïbo.

Outre le poisson, les Indiens du Venezuela recherchent la cassave, ou farine de manioc. Ils la préfèrent à tout ce qu'ils vont acheter au loin en échange des produits de leur chasse ou de leurs gourdes de caoutchouc.

Nous avons parlé de la chasse aux palmipedes, très-nombreux sur les eaux du lac. Le moyen employé par ces pêcheurs-chasseurs est des plus ingénieux. Ils se procurent un grand nombre de calebasses (*cucurbita lagenaria*), ou des fruits de l'arbre à courges qu'ils jettent à l'eau, de façon à ce que les canards, oies, hérons, etc. s'habituent à ces objets qui flottent au milieu de leurs vols. Tous ces cucurbitacées sont reliées les unes aux autres à de longues distances et peu à peu la gente palmipède ne fait plus la moindre attention à leur présence sur l'eau.

Quand le chasseur s'aperçoit que le moment est venu, il s'affale dans le Macaraïbo, la tête recouverte d'une courge dans laquelle il a pratiqué des trous et ouvertures pour y voir librement. Puis, grâce à son talent pour nager avec la plus grande perfection, il se glisse entre deux eaux et arrive, la tête toujours en dehors, mais recouverte de sa carapace, au milieu des bandes de palmipèdes qui s'ébattent parmi ces courges évidées. Le pêcheur-chasseur peut donc, à son aise, tirer par les pieds sous l'eau, un à un, grand nombre de canards, leur tordre le cou et les attacher a une ceinture dont il s'est muni a cet effet. Quand il ne peut plus continuer, eu égard au nombre des victimes faites par lui, le Macaraïbe retourne vers sa maison, avec ses proies multiples, et l'on fait chère lie avec des canards, bourrés de piments, assaisonnés de maïs et de manioc.

Les Indiens du Venezuela qui connaissent la valeur de l'argent, et qui, grâce à leurs relations avec les missionnaires, savent à quel usage l'employer, ne négligent aucun des moyens nécessaires pour gagner le précieux métal qui leur donne le moyen de procéder à des échanges.

Outre le commerce du poisson, ils pratiquent celui du caoutchouc. Cette substance provient du suc de différents arbres appartenant à la flore des *euphorbiacées* ou des figuiers. Celui de l'arbre nommé *seringa* ou bien le *siphonia elastica*, sert au Macaraïbo à façonner des sortes de bouteilles, qui se vendent dans le pays aux capitaines européens; l'arbre qui distille ce suc est droit; il a l'écorce lisse et est fort commun dans nos serres européennes. Le jus qui découle des blessures faites à l'arbre est blanc, et c'est de ce jus que l'on obtient le caoutchouc (india rubber) par évaporation. Les procédés d'extraction sont à peu près les mêmes que ceux en usage pour le sucre d'érable.

C'est à l'aide de nombreuses incisions faites à l'arbre que le suc découle et se répand dans des coupes d'argile où il se coagule. Le *seringero*, qui recueille le caoutchouc, se sert de moules ayant la forme d'une bouteille ou d'un soulier. Il applique sur ces moules, par couches successives, le suc coagulé, jusqu'à ce qu'il obtienne une épaisseur suffisante. Il faut huit jours pour que la bouteille ou le soulier soient complètement achevés.

Le caoutchouc est blanc; s'il devient noir, c'est qu'il est exposé à la fumée qui noircit la matière et lui donne cette couleur sale que tout le monde connaît. Il perd cette teinte sombre dans les manipulations que lui fait subir l'industrie.

Quand on voit en France les produits en caoutchouc manufacturés, en admirant leur blancheur grisâtre, on ne se douterait pas que leur matière est sortie toute noire des mains des Indiens de Macaraïbo.

VI

LES INDIENS DU PAYS DES AMAZONES.

On ne peut s'empêcher de reconnaître, lorsqu'on jette les yeux sur une carte d'Amérique, la ressemblance qui existe entre les deux parties de cette terre gigantesque.

Par leurs montagnes, par leurs cours d'eau, par leurs forêts, les deux Amériques paraissent avoir un plan commun et peuvent exactement soutenir la comparaison entre elles.

Dans l'une comme dans l'autre, se trouvent les plus grands fleuves connus, au nord, le Mississipi, le plus long des cours d'eau du monde entier, au sud, le fleuve des Amazones, celui dont le volume d'eau est le plus considérable. Aux affluents de l'un, l'Arkansas, l'Ohio, le Yellow-Stone, l'Illinois, on peut opposer ceux de l'autre, le Madéïra, le l'Oucayali, le Négro et les autres.

Il y a même analogie entre les autres cours d'eau des deux parties du continent américain. C'est ainsi qu'on peut opposer l'Orégon et le Saint-Laurent à l'Orénoque et à la Plata, et remarquer que, tandis que le San-Francisco de Californie roule des paillettes d'or dans ses ondes, il y a dans l'Amérique du Sud une rivière du même nom, dont la source est au sein même de la région des pierres précieuses. Les montagnes sont dans le même cas que les rivières. Si le nord a les montagnes Rocheuses, le sud a la Cordillière des Andes. La chaîne qui abrite la Californie, l'Orégon et les monts Alléghanys, peuvent être opposés directement aux Sierras de Caracas et aux monts de l'empire du Brésil.

Ce parallèle qu'on pourrait étendre à toutes les curiosités naturelles du sol américain, se poursuit dans la ressemblance des plaines du nord, avec les *llanos* et les pampas du sud, du grand lac Salé des Mormons, avec le lac Titicaca, du Potose du nord, célèbre par ses minerais, avec celui du sud qui n'est pas moins renommé pour la même cause ; mais c'est surtout dans la ressemblance des deux plus grandes forêts connues, l'une, celle de l'Arkansas, l'autre, celle du pays des Amazones, que la comparaison est ou plutôt était la plus frappante. En effet, tandis que la forêt des Amazones est demeurée intacte et véritablement vierge, celle de l'Arkansas a été défrichée en plusieurs de ses parties et n'offre plus l'ensemble grandiose de sa concurrente.

Mais si cette ressemblance générale existe ou plutôt existait dans l'étendue et dans la situation des deux forêts, on ne saurait en dire autant de leur faune et de leur flore bien essentiellement différentes. Tandis que dans la forêt septentrionale, et surtout dans la région du Canada, on rencontre des parties entières où croît une seule sorte d'arbres, tels que le génévrier rouge de Virginie, le pin, le chêne ; la forêt méridionale au contraire, à part quelques sortes de palmiers qui se reproduisent un peu plus fréquemment n'offre que de petits bouquets ou même des individus isolés de chaque essences.

Quoiqu'on connaisse fort mal la forêt tropicale, dont les lisières seulement ont pu être abordées et qu'on n'a traversé qu'au fil des cours d'eau, on sait déjà quelle est l'imposante variété des espèces d'arbres qui s'entrelassent de toutes parts, formant un inextricable fouillis et devant naturellement influer sur la nature des habitants de la contrée, comme le font sur d'autres, les forêts alignées et uniformes du nord.

La forêt des Amazones s'étend de la chaîne des Andes du Pérou, à l'embouchure du fleuve des Amazones. Elle affecte à peu près le contour d'un œuf, dont le gros bout toucherait la chaîne des Andes, de la Nouvelle-Grenade au territoire Bolivien et dont la pointe viendrait mourir près de l'Océan Atlantique. Elle offre à peu près dans la largeur de l'ovale deux mille cinq cents kilomètres, et quatre mille dans le sens de la longueur.

On pourrait croire qu'une aussi puissante et

inextricable forêt doit être le repaire d'une population animale considérable, que les grands quadrupèdes, les bêtes de proie, ou seulement le bétail sauvage y abondent : c'est une erreur.

Il n'y a ni éléphants ni rhinocéros dans ces fouillis de verdure et de lianes où, sans le vouloir, ils auraient en errant, ouvert des chemins à l'homme; on n'y voit pas ces troupes de bisons, ou de chevaux sauvages, pareilles à celles des provinces du nord de l'Amérique. On cherche à voir ces troupeaux de gazelles et-d'antilopes des tropiques africains. Le cheval est inconnu, le bœuf même très-rare ne se trouve que dans quelques établissements portugais du littoral. Les mammifères n'y sont point représentés par aucun individu plus gros que le tapir, dont la taille dépasse à peine celle de nos ânes, encore cet animal n'est il pas commun. Deux sortes d'ours habitent la partie adossée aux Andes. Quelques espèces de daims, des pécaris peu abondants, ainsi que quelques paresseux, quelques fourmiliers et quelques oppossums représentent la population animale, à laquelle on peut joindre quelques races plus répandues, telles que celle des agoutis et autres rongeurs assez communs sur le littoral et le long des cours d'eau, ou bien encore des rats épineux, les porcs-épics auxquels on ajoutera le chien à l'état sauvage, le galera, le coati et quelques autres animaux spéciaux. La famille féline qui ne compte pas d'échantillons de la grande race dans l'impénétrable forêt, y est, en revanche, largement représentée par les membres de la petite. Les chats sauvages de toutes sortes, les jaguars foisonnent, et l'on voit un assez grand nombre de chauves-souris et d'écureuils.

Les quadrumanes sont mieux partagés que les quadrupèdes dans cette étonnante région. Ils en sont les véritables maîtres et leur mombre est extrêmement considérable. On n'y compte pas, en effet, moins de trente espèces de singes, depuis les gigantesques singes hurleurs jusqu'aux microscopiques saïmiris.

Il en est de même des poissons, des reptiles et des oiseaux de tous genres. Les premiers, de toutes formes, tortues, marsouins, sont aussi abondants et variés que possible dans les eaux des rivières. Les seconds présentent, eux aussi, une variété infinie depuis le corail, gros à peine comme un crayon, jusqu'au gigantesque boa de rivière qui atteint dix mètres de longueur, depuis ce charmant petit saurien nommé *anolius*, dont la couleur est d'un bleu tendre, et qui dépasse à peine pour la taille nos lézards, jusqu'au monstrueux crocodile.

Viennent enfin les oiseaux qui, avec les singes, sont l'enchantement et la vie de cette forêt. A côté des aigles et des vautours et de quelques autres oiseaux à la vaste envergure, on remarque un fouillis de couleurs étincelantes, de formes gracieuses. Ce sont les perroquets, les toucans, les aras, les loriots et toute cette variété étonnante des colibris, les diamants volants de la création.

Les Indiens qui habitent le pays des Amazones

n'ont assurément pas tous une origine commune. La Montana (c'est ainsi que les Espagnols fixés en Amérique nomment la contrée qui nous occupe) contient différentes nations ou tribus, ayant chacune une langue différente, et bien souvent un caractère qui ne ressemble en rien à celui des autres.

Les uns sont plus petits que nous, d'autres plus grands ; certains ont le teint très-basané, mais la généralité est très-bronzée.

En général, quelques tribus exceptées, ils sont bien faits et d'un visage assez agréable ; leurs femmes ont même quelque grâce et quelque beauté.

Cette première remarque jointe, à nombre d'autres, peut servir a établir que, si tous n'ont pas la même origine, que si les uns sont venus du Pérou, chassés par les Espagnols, les autres des régions plus méridionales, fuyant les conquérants portugais, ou bien se disant fils du sol, il y a entre eux des côtés analogues qui frappent et les font distinguer à première vue des autres sauvages de l'Amérique. Notre intention n'est pas, bien entendu, de nous occuper des Indiens qui ont fait leur soumission aux Hispano-Américains et dont les mœurs ont subi par là même une déformation notable. Ceux-là, — principalement au Pérou, — vivent sur les rives du fleuve, se livrant à l'agriculture, mêlant les principes que leur ont inculqués les missionnaires à leurs souvenirs d'indépendance ; mais, en somme, ils sont faciles à diriger et consentent même, près de l'embouchure du fleuve, à devenir les esclaves, sous le nom fallacieux de serviteurs à gages (*tapuios*) des trafiquants Portugais.

Ceux, au contraire, dont nous nous occupons, et que les colons appellent *bravos* ont abandonné, quoique à regret, les bords du fleuve des Amazones, leur établissement de prédilection, pour se retirer dans la partie comprise entre l'embouchure du Négro et la frontière la plus extrême du Brésil, partie que les Portugais appellent *Solimoens*.

Fuyant la civilisation persécutrice, l'Indien sauvage s'est retiré dans les dédales formés par les anses de la mer, ou les affluents du fleuve. Là il vit, suivant ses instincts, dans une sorte de maison qu'il appelle *malocca* et qui ne ressemble en rien aux habitations des autres peuples connus. Ces maisons en effet tiennent du village et de la caserne. Ce sont de vastes bâtiments composés d'une toiture qui descend très-bas et donne ainsi à l'édifice l'apparence d'une ruche d'abeilles, dont la charpente est composée de troncs de palmiers polis avec art et reliés entre eux par des poutrelles faites du même bois.

Le tout est retenu et joint ensemble par des attaches en lianes flexibles. Des feuilles de palmiers tapissent la toiture, tandis que les murailles se composent d'un tissu de bambous d'une telle résistance que, ni les javelots ennemis ni même les armes à feu, ne peuvent passer au travers. Un vaste *hall*, sorte d'atrium, est laissé libre au milieu. Il sert aux réunions et aux travaux communs de la tribu. Là sont les fours, là se préparent les mets nationaux, la *chica* et la *cassave*.

C'est à la fois la place publique et la salle des fêtes ; on y cause des affaires, on y joue, on y danse. Des deux côtés sont rangées des cellules, séparées entre elles par des murailles de bambous tressés ; dans chacune d'entre elles, habite une famille.

Le fond de l'édifice est arrondi et forme l'habitation du chef. Une porte qui lui est réservée existe de ce côté, et aboutit à l'extérieur ; tandis que de l'autre côté, une vaste baie occupe l'extrémité du bâtiment.

C'est la porte commune à toute la tribu, ouverte le jour et fermée la nuit, par un treillis de bambous et de côtes de palmiers. Plus de cent personnes trouvent place dans ce casernement, assez vaste d'ailleurs pour en recevoir trois ou quatre fois plus, à certaines époques où se réunissent plusieurs tribus. Telle est l'habitation générale des Indiens bravos du pays des Amazones. La structure en est toujours la même ; les détails d'ornementation varient seuls, suivant les peuplades. Quelques-unes de ces tribus ont des huttes séparées, mais c'est là un cas tout exceptionnel.

Leur costume, bien qu'également varié suivant les tribus, est assez généralement le même, c'est-à-dire fort primitif. Une écharpe de coton ou d'écorce, qu'ils appellent *guayouco*, leur sert de ceinture et passe entre leurs jambes. D'autres y substituent une petite jupe.

En général, ils se barbouillent le corps au moyen de la sève de l'anotto ; quelques-uns ajoutent à cela des tatouages. Leur coiffure et divers ornements dont ils se parent, notamment leurs bracelets, se composent des plumes les plus riches des aras et des toucans.

Les Indiens de la Montana pratiquaient l'agriculture, et en connaissaient les secrets bien avant l'arrivée des Espagnols; mais les moyens qu'ils emploient consistent en quelques travaux bien simples. Ils cultivent l'igname, la banane, dont ils tirent une sorte d'eau-de-vie, le manioc qu'ils râpent, après en avoir arraché l'écorce avec leurs dents, en se servant, pour le réduire en farine, soit d'une racine criblée d'aspérités, soit d'un outil qu'ils fabriquent eux-mêmes avec une planchette dans laquelle ils incrustent des petits morceaux de silex ou de quartz. C'est par ce procédé — enseigné par eux aux Européens — qu'ils débarrassent la partie farineuse du manioc, du suc vénéneux et amer, qui en rendrait l'usage dangereux. Ils passent au tamis la farine, ainsi obtenue, qui devient la cassave, et c'est en faisant sécher la pulpe, qui en est le résidu, qu'ils obtiennent le tapioca.

C'est cette poudre cuite qui fait le fond de leur nourriture. La pêche et la chasse fournissent le reste. Ils pratiquent la pêche par tous les procédés connus, avec des filets tendus, avec le javelot ou le harpon lancé, au moyen duquel ils prennent souvent le lamentin, poisson qui paraît abonder dans ces parages. La chasse, à part celle du jaguar, consiste dans la poursuite du gibier qu'ils attaquent avec audace.

S'ils tuent quelques pécaris, leurs victimes de prédilection sont le singe et les oiseaux. Ils se servent souvent de l'arc; mais ils préfèrent ordinairement une autre arme, qui leur est spéciale et dont ils se servent très-adroitement. Cet engin, que les Espagnols nomment *gravitana* et les sauvages *poucouna*, est une véritable sarbacane, longue de deux ou trois mètres. Ils la fabriquent en passant une baguette dans la tige d'un jeune palmier, qu'ils nomment *pashiuba miri*. A cette tige, dont le diamètre n'excède pas douze centimètres, ils adaptent une embouchure tirée des dents du pécari; un point de mire est placé à l'autre extrémité, et se compose d'une dent pareille.

Quelquefois ils décorent l'extérieur de cet engin à l'aide d'une liane enroulée, à laquelle ils font décrire de capricieuses arabesques. Leur arme ainsi préparée, ce ne sont pas des balles qu'y glissent les sauvages indiens, mais une flèche composée d'un fragment de bambou, et d'une épine noire de palmier pour pointe, d'environ cinquante centimètres de long. Ils trempent cette pointe dans un poison terrible, dont ils possèdent le secret : c'est le curare. Les Indiens font une profonde entaille au-dessus de l'endroit où s'arrête le venin, afin que le moindre mouvement de l'animal frappé, fasse briser cette dangereuse extrémité au ras de la plaie.

A l'autre bout de la flèche, ils appliquent une sorte de tampon de soie végétale tirée de l'arbre appelé : le fromager d'Amérique. Ce tampon donne à l'extrémité supérieure de la flèche le calibre du tuyau, qui est celui d'un pistolet ordinaire.

Les Indiens vont en chasse avec cette arme, et s'ils rencontrent du gibier, ce qui ne manque jamais, ils peuvent l'atteindre, même de loin, car leur arme porte à quarante-cinq pas environ ; mais ils préfèrent souffler dans leur sarbacane dans le sens de la verticale, de bas en haut, ce qui s'explique eu égard à la position ordinaire des singes et des oiseaux sur les arbres.

Si la flèche, cassée ou non dans la plaie, a pu atteindre l'animal, le curare opère et c'en est fait de lui. Ce poison possède, en effet, une violence inconnue ; aussi les Indiens qui n'emploient guère, en fait d'autres armes, même pour aller à la guerre, que l'arc et une sorte de lourde massue taillée dans le bois d'un palmier très-dur, ne manquent-ils pas, quand ils vont combattre leurs ennemis, de tremper leurs flèches dans le redoutable venin qui leur est en quelque sorte spécial.

Pendant que les hommes fabriquent les armes, vont à la pêche, à la chasse ou à la guerre, les femmes préparent la cassave avec la farine de manioc, et tressent, avec des feuilles de palmiers ou des roseaux, des paniers ou autres ouvrages délicats. La spécialité où elles excellent parmi ces nombreux objets de ménage, c'est la confection des hamacs. Ils sont faits avec la matière textile contenue dans la feuille non encore ouverte de deux sortes de palmiers, plus propres que les autres à cet usage, et que l'on nomme, l'un *mauritia flexuosa*, l'autre *astrocaryum*. Cette filasse est délicatement extraite, puis séchée et filée, par les habiles ouvrières qui n'ont pour cela aucun outil spécial, mais une grande habitude, et elles savent rouler le fil sur leur cuisse d'un seul tour de main. Ce fil est teint ensuite à volonté, et tissé après d'une façon assez primitive, quoiqu'il produise de charmants résultats.

Sur deux bâtons écartés de deux mètres, l'ouvrière adroite enroule le fil, qui revient une soixantaine de fois, et forme ainsi la chaîne ; cela fait, elle passe le fil dans l'autre sens en le nouant à la chaîne ; c'est la trame. Elle exécute alors une boucle solide en corde à chaque extrémité et resserre toutes les mailles, le filet est fait, et elle enlève les bâtons.

Si elle veut en faire un objet de luxe, elle y ajoutera des décorations diverses et notamment une bordure de plumes d'oiseaux, aux couleurs éclatantes.

Outre ces travaux des femmes, il faut signaler les poteries d'une forme assez élégante que les hommes façonnent avec l'argile.

On voit que les Indiens bravos ont été exceptionnellement doués par la nature sous le rapport artistique.

VII

LES INDIENS COMANCHES.

Si l'on trouve sur le continent américain des races humaines multipliées, et des échantillons de toutes les populations européennes, il est à remarquer que l'on n'y rencontre que deux espèces de chevaux tout à fait distinctes l'une de l'autre : la race anglaise qui règne sans partage dans les pays peuplés d'Anglo-Américains comme les Etats-Unis, et la race andalouse qui se trouve reproduite en grande quantité et que l'on rencontre, même à l'état sauvage, dans toutes les contrées qui ont subi la domination espagnole.

On comprend sans peine la présence de deux espèces chevalines différentes, apportées par les deux principales populations occupantes du sol américain. Quand on se rappelle qu'au moment où Christophe Colomb découvrit le Nouveau-Monde, il n'y trouva pas un seul cheval, et ses successeurs purent confirmer cette assertion. On apprit, seulement plus tard par la découverte d'ossements fossiles, que le Nouveau-Continent n'avait pas toujours été privé de ce précieux auxiliaire de l'homme, mais qu'il avait, on n'a jamais découvert pour quelle cause, entièrement disparu de la surface du territoire indien.

Les chevaux acclimatés en Amérique, — c'est du cheval andalous que nous nous occupons, — ne tardèrent pas à y trouver un sol qui convenait à leur nature, et ils se reproduisirent en si grand nombre, qu'ils purent partiellement revenir à l'état sauvage. On n'ignore pas que les habitants non civilisés des Savanes de l'Amérique sont presque tous pourvus de montures.

La conquête changea donc entièrement le genre de vie de ces peuples, et il est d'autant plus difficile de se figurer quelle pouvait être l'existence des ancêtres des sauvages actuels, avant l'importation du cheval, que leurs descendants en ont fait un compagnon inséparable, sur lequel repose toute leur existence.

L'Indien Comanche tient la première place parmi les tribus indiennes si nombreuses pour lesquelles l'équitation est devenue un besoin de tous les instants. S'il compte des égaux parmi les Indiens des Pampas, les Gauchos de la Plata et les Llanéros de Venezuela dans le sud, ainsi que dans deux ou trois tribus sauvages du Mexique et des Californies ; si même dans la Prairie il rencontre des rivaux chez les Paunis avec lesquels il est sans cesse en guerre, peut-être parce qu'il est leur voisin, le Comanche n'en est pas moins considéré comme le type du cavalier parfait; il laisse bien loin derrière lui la plupart des autres peuplapes indiennes de la Prairie : Pieds-Noirs, Serpents, Osages, Sioux, etc.

Les Comanches sont nomades, mais le voisinage d'autres peuplades, vivant comme eux, et celui des pays organisés de l'Amérique ont circonscrit le territoire de leur parcours entre l'Arkansas et le Rio-Grande. Habitués au cheval (qu'ils appellent *mustang*, c'est-à-dire cheval de prairie), dès qu'ils quittent le sein maternel, ils s'accoutument, par un exercice incessant, à ne jamais quitter les flancs de leur monture. L'Indien n'a pas de méthode d'équitation. Le cou, le flanc de sa monture, tout lui est bon. Il saute sur son cheval, qu'il soit bridé ou non, il se tient en équilibre dans les postures les plus invraisemblables; il sait diriger l'animal même sans le secours des rênes; il ne quitte jamais l'allure d'un galop échevelé. Cette passion du cheval a rendu le Comanche impropre à tout autre travail.

Aux femmes sont abandonnés, avec les soins du ménage, les travaux les plus pénibles.

Quoique nomades en général, on trouve plusieurs tribus comanches qui habitent de véritables villages, et cultivent quelques terrains aux environs. Leurs cultures consistent principalement en maïs, melons et autres cucurbitacés. C'est au sexe faible qu'est dévolu ce travail des champs. Le cavalier comanche ne connaît d'autre exercice que celui du cheval. Les femmes sont cependant aidées dans ce rude talent par des esclaves, qui ne sont pas des nègres achetés à prix d'argent, mais des ennemis vaincus, Indiens ou Mexicains, de race croisée ou même blanche, enlevés dans des razzias.

Débarrassé des soins de son intérieur, qu'il abandonne aux captifs et aux femmes, l'Indien comanche porte toute son activité, tout son amour vers la chasse. La conquête du cheval lui en a fait une habitude qui l'éloigne de plus en plus des goûts agricoles.

Les grandes plaines de l'Amérique du Nord, qu'on appelle la Prairie, ne renferment d'autre gibier que des daims et des antilopes, à l'allure rapide et sauvage, ou des troupeaux de bisons qui fuient l'homme, et que l'homme à pied ne pourrait jamais atteindre. Mais grâce à leurs montures, qui sont des chevaux excellents, nos Comanches peuvent très-facilement approcher et cerner ces animaux.

Chassent-ils seuls, les Indiens ont recours à une ruse qui rappelle celle employée par les Boshimans africains dans la chasse à l'autruche. Ils prennent une peau de bison et se cachent dessous, après avoir eu soin d'attacher leur cheval, et de le cacher sous les buissons les plus proches du terrain de chasse. Bientôt les bisons s'approchent pour flairer leur congénère qu'ils croient mort, mais avant qu'ils n'aient pu approcher, le Comanche leur décoche quelques flèches, et souvent il réussit à en tuer plusieurs.

C'est ainsi que primitivement se pratiquait la chasse aux bisons. La possession du cheval lui a donné de nouveaux moyens. S'il manque sa proie ou s'il la blesse seulement, et qu'elle cherche à s'élancer sur lui, notre Comanche se relève, laisse sa peau, court à son cheval; et, avec son aide, il recommence la chasse avec plus de chance de succès. Si le Comanche est surpris au milieu des animaux devenus furieux avant d'avoir pu rejoindre sa monture, il ne craint pas de sauter sur le dos de ces ennemis quadrupèdes, avec l'agilité que l'habitude de l'équitation lui a donnée. Il gagne ainsi le large à travers la prairie dans la direction de son cheval.

D'ordinaire, au lieu de la chasse individuelle, qui offre toujours quelques dangers, et souvent est moins productive, les Comanches se réunissent et poursuivent le gibier de deux façons différentes. Le premier moyen consiste à gagner de vitesse les bisons en fuite, et à former autour de leur troupeau un vaste cercle, qu'ils resserrent de plus en plus. Dès qu'ils se voient sur le point d'être pris, les taureaux sauvages s'élancent sur les lances des chasseurs et tombent baignés dans leur sang. Certains échappent, d'autres désarçonnent leurs adversaires; c'est l'image de la guerre, et il n'est pas rare de voir quelques Indiens succomber dans ces luttes, bien que, grâce à leur agilité merveilleuse, si leur monture tombe éventrée dans la lutte, ils n'hésitent pas à sauter et se cramponner sur la croupe du cheval de quelque compagnon plus heureux, ou même sur le dos de quelque bison.

Leur second procédé de chasse tient plus de la ruse que de la guerre. Les Comanches fabriquent avec de la bouse de bisons des sortes de figures, représentant, tant bien que mal, des formes humaines. Ils les placent des deux côtés d'une plaine, coupée par quelque fossé ou ravin assez profond, pour que des bêtes du poids d'un bison ne puissent s'en échapper après y être tombées.

Ces préparatifs achevés, les cavaliers indiens harcèlent le troupeau des bisons, et le poussent dans la direction de la *barranca* (c'est ainsi qu'on appelle dans le pays ces excavations). Croyant voir des hommes à droite et à gauche, sachant que d'autres ennemis se trouvent derrière eux, les animaux se mettent à courir aveuglément du côté qui leur paraît libre, et comme les deux lignes de formes humaines se rapprochent en forme d'entonnoir, ils finissent par se jeter dans le précipice où ils roulent écrasés.

Ces massacres inutiles sont si souvent répétés, que le nombre des bisons diminue sensiblement dans la prairie. Les Indiens le savent bien, mais leur insouciance ne voit que le présent, et s'inquiète peu de l'avenir. Un jour viendra, où, à force de massacres, leur gibier favori deviendra une rareté, peut-être un mythe, dans cette région.

Déjà une partie des troupeaux a traversé les montagnes Rocheuses et s'est cantonnée à l'ouest. Dans la partie nord des Etats-Unis, on ne trouve pas un seul de ces animaux au-dessus du lac de l'Esclave. Qu'adviendra-t-il du Comanche quand le bison — sa principale nourriture — n'existera plus pour lui? Ce qui arrive déjà, quand le succès de la chasse n'a pas été suffisant pour les nourrir. Il tuera ses chevaux, comme il le fait déjà, avec cette légèreté de caractère qui lui est propre, et sans penser qu'il épuisera aussi cette nouvelle ressource.

Alors il s'apercevra forcément que le cheval lui ayant permis de quitter l'agriculture pour la chasse, de même la disparition de cet auxiliaire l'obligera à quitter de nouveau la chasse, qu'il aime tant, pour l'agriculture qu'il a dédaigné. Qui sait même si ce n'est pas à une insouciance du même genre que l'Amérique a dû jadis la perte de la race chevaline?

L'Indien Comanche tient beaucoup à sa toilette. Elle est simple, mais moins primitive que celle des Indiens de l'Amérique du Sud. Sur un justaucorps fait de peau de daim ou de cuir tanné, il jette, en guise de manteau drapé, une peau entière de bison; sa tête est ornée de la dépouille d'une tête de même animal, à laquelle il a laissé les cornes. D'autres fois, il remplace cet ajustement sauvage par une sorte de chapeau orné de plumes voyantes. De grandes guêtres de cuir, boutonnées sur le côté, enveloppent ses jambes et recouvrent ses pieds enfouis dans des chaussures nommées mocassins. Au reste, ce costume lui est commun avec la plupart des peuplades indiennes qui habitent la Prairie.

Cet ajustement du Comanche n'est qu'une sorte de costume d'apparat. S'il se rend à la guerre, ou s'il court au pillage, il ne gardera de tout ce costume que ses guêtres et ses chaussures. Un morceau d'étoffe lui servira de pagne, et il se contentera, croyant se donner un air terrible, de s'enduire le corps d'ocre de couleur vive. On devine à cette description quel est l'ensemble singulier que produit ce costume ainsi simplifié ; ce torse d'homme nu et qui paraît être couvert de sang. On se demande alors pourquoi ces guêtres montantes, ornées sur les côtés de franges et ayant quelques rapports avec les houzeaux de certains cavaliers espagnols.

Les Comanches n'ont cependant pas besoin, pour terrifier leurs ennemis, de ces déguisements sauvages; leur nom seul suffit pour répandre l'horreur. La guerre est, en effet, un des moyens d'existence de ces sauvages, et ils ne la comprennent qu'au point de vue du pillage. Les frontières du Texas sont à chaque instant le but de leurs incursions. Le Mexique, et principalement le nouveau Mexique, qui côtoie le territoire comanche, voit souvent ces bandits ravager ses villages ; ils osent même se présenter aux portes de certaines villes ; enfin, c'est au cœur même de la Nouvelle-Espagne, que les Comanches ont porté leurs déprédations, qui sont de véritables razzias. Ils passent, emportant au galop infernal de leur cheval, tout le butin qui peut leur tomber entre les mains : troupeaux qu'ils chassent devant eux, femmes, enfants, qu'ils enlèvent sur la croupe de leurs montures, hommes même qu'ils font prisonniers, sans compter des objets de toutes sortes, qu'ils rapportent pour leur usage dans leurs tentes, ou dans leur village ; l'Indien Comanche prend tout. Au Mexique, particulièrement, leurs vols restent presque toujours impunis. Ces sauvages sont si monstrueux que, lorsque le dernier traité avec le Mexique fut signé, le gouvernement des Etats-Unis avait paru s'émouvoir de la question et avait pris, vis-à-vis du gouvernement mexicain, l'engagement de faire rendre aux familles de nationalité mexicaine tous les prisonniers leur appartenant, qui étaient esclaves chez les Indiens Comanches. On fit alors un recensement, et on put en évaluer le nombre à plus de quatre mille. Malheureusement pour les Mexicains, soit que les Américains eussent assez d'embarras de guerre, de leur côté, soit qu'ils eussent trop vite oublié la clause du traité, touchant la restitution des prisonniers, ils n'imposèrent pas aux Comanches l'obligation de rendre leurs esclaves ; les quatre mille malheureux restèrent au pouvoir des Indiens. Ceux-ci, enhardis par cette impunité dans laquelle ils ne laissèrent pas que de voir une certaine crainte de la part du gouvernement américain, loin de mettre bas les armes et de cesser leurs rapines, s'y livrent avec plus d'acharnement que jamais. Ils en arrivèrent même à ce point d'audace, que récemment ils ne craignirent pas d'enlever le fils d'un des hommes de guerre les plus marquants de la République du Mexique, le gouverneur de la province de Chihouahoua. Mais, telle est, dans le pays des Géants, la terreur qu'inspirent les Comanches, que, le peu de ces malheureux, quoique très-braves et très-haut placés dans le gouvernement, craignit l'effet que, produirait un appel aux armes contre les Comanches Il préféra leur faire offrir une rançon dont ils fixeraient le chiffre.

Les Comanches n'ont pas toujours rencontré tant de faiblesse quand ils se sont adressés à d'autres ennemis. Bien qu'ils aient pris l'habitude de ravager les frontières de l'Etat du Texas, ils ont peu osé pénétrer sur ce territoire, sachant bien qu'ils y trouveraient une sérieuse résistance.

En effet, les colons attendent toujours les Comanches de pied ferme, et à tout acte de cruauté que les sauvages tentent de commettre, ils opposent des cruautés semblables en manière de représailles.

Il semblerait que les Indiens que nous venons de décrire soient, eu égard à cette double passion de la guerre et de la chasse, des hommes farouches et inabordables, toujours taciturnes et rêvant sans cesse de sang et de carnage. Eh bien non! on est étonné de les trouver tout différents du portrait qu'en a tracé Fenimore Cooper.

Ils sont en effet, d'un naturel gai ; ils aiment à rire et à causer, et s'abandonnent au plaisir en toutes circonstances.

C'est par goût comme par insouciance qu'ils cherchent dans leurs chasses et leurs pillages, une existence qu'ils pourraient gagner par un labeur plus lent et plus pénible, si la civilisation s'introduisait jamais dans leurs rangs.

VIII

LES INDIENS DES PAMPAS.

La géologie offre des problèmes étonnants; c'est ainsi qu'une des plaines les plus considérables du globe, les pampas du Sud américain, n'ont pas d'autre origine que des alluvions; aussi ces prairies étendues ont-elles très-peu d'élévation au-dessus du niveau de la mer sur laquelle elles ont été conquises, ou plutôt du fond de laquelle elles formaient jadis une partie, avant que quelque force sous-terrestre les eût soulevées pour en faire des terres habitables. Quand nous disons habitables, il est bien entendu que nous n'employons ce mot que par comparaison avec l'ancienne condition des terrains d'alluvions; car ces pays ainsi formés par la dernière secousse géologique qui ait concouru à l'établissement du monde tel qu'il est aujourd'hui, sont loin d'offrir une végétation utile, ou même la solidité à toute épreuve qui fait le fondement de la fertilité.

Tels qu'ils sont, les pampas, de même que leurs habitants, sont curieux à étudier. Les plaines (le mot *pampas* lui-même signifie plaines) offrent une vaste étendue qui, commençant, au nord, à une chaîne de montagnes appelée les sierras de Cordova, de San Luis et de Mendoza qui vient se rattacher comme un rameau à la grande chaîne de la Cordillère des Andes, ont à l'ouest pour frontière cette dernière chaîne de montagnes, tandis qu'à l'est elles sont bornées par les limites extrêmes du Paraguay, celles de l'Uruguay ou plutôt la ligne de monts qui court dans les Entre-Corrientes Rios, une des provinces de la république Argentine, et plus bas par le littoral de la mer qui englobe ainsi le vaste estuaire du Rio de la Plata. Au sud, quoiqu'il soit plus difficile d'assigner aux pampas une véritable frontière, on peut dire qu'elles sont séparées des vastes plaines un peu plus élevées de la Patagonie par le cours du rio Negro.

Les Pampas se ressentent absolument de leur origine géologique : d'une part, en creusant les couches de leur sol fait d'une terre d'un brun rougeâtre et ayant la nature du gypse ou de l'argile, on y rencontre à chaque instant des coquillages qui prouvent que là a jadis été le lit de l'Océan. C'est aussi dans les Pampas que l'on a trouvé nombre d'ossements aux formes étranges, à l'aide desquels on a pu reconstruire les animaux monstrueux disparus de la surface du globe ; tels sont le *mylodon* à l'étonnante stature, le *mégathérium*, sorte de rhinocéros préhistorique, le glyptodon, animal géant de la famille des armadilles, sorte de crustacé ayant, à son énorme taille près, des rapports avec nos cloportes, etc.

D'autre part, le long séjour qu'a fait la plaine sud-américaine sous l'eau n'a pas préparé son sol d'ailleurs peu fertile à une utile culture. C'est ainsi que certaines de ses parties offrent des caractères absolument defférents, bien que dans aucune d'elles on ne remarque la tendance à la fécondité. D'abord toute une partie confinant au littoral est remplie de salines, et de salines où parfois le sel apparaît sans mélange à un pied de profondeur et sur une surface qui dépasse plusieurs lieues. Ailleurs, ce sont des marais, des lacs gigantesques, mais dont les eaux sont à peine moins dormantes que celles des marais, puis, ce sont encore de petits bois divisés en bouquets comme le seraient ceux des jardins de nos pépiniéristes, ou bien des territoires entiers couverts de longues herbes qui ont quelque analogie avec les joncs ou les plantes aquatiques.

Le caractère tout spécial de végétation des Pampas, celui qui a une originalité inconnue ailleurs, existe dans une grande partie de la terre d'alluvion et principalement dans tout le côté qui avoisine les rivages du rio de la Plata, en se dirigeant vers l'est et jusqu'à la mer. Il s'agit d'immenses plaines où l'œil à perte de vue ne voit que des champs touffus de chardons, d'une hauteur telle qu'un cavalier ne les dépasse pas même du front, et d'une telle épaisseur que nulle autre végétation ne pousse à côté de l'absorbante plante parasite. L'herbe même manque au pied de ces chardons devenus arbres, étouffée par le fouillis inextricable de leurs têtes piquantes. Dans ces *cardonales*, c'est le nom qu'on leur donne à la Plata, ne peut pénétrer aucun animal. L'homme même ne saurait s'y frayer un chemin qu'avec difficulté, ou plutôt il ne peut traverser ces forêts qui ne comptent pas moins, par endroits, de soixante-dix à soixante-quinze lieues, que par d'étroits sentiers préparés péniblement chaque année à travers les parties où, pour des causes qu'on n'a pu pénétrer, les chardons poussent mal et restent rares.

Si les bêtes en général, et particulièrement les bœufs ou autres animaux domestiques, ne peuvent pas entrer dans les fourrés des cardonales, il n'en est pas de même de quelques êtres sauvages parmi lesquels on distingue la viscache, sorte de lapin chinchilla qui, par sa persévérance, arrive à creuser son terrier au pied des chardons. Deux terribles hôtes aussi, le couguar et le jaguar, sont à l'aise sous ces ombrages piquants et y vivent, faisant leur poie de toute bête imprudente qui, sous l'impression de la peur, aurait tenté de franchir l'entrée des labyrinthes formés par les cardonales.

Ces singulières forêts au petit pied sont formées de deux sortes de chardons, ou plutôt du chardon proprement dit et du chardon comestible, originaire d'Espagne. Ces derniers, pour être moins élevés et n'avoir pas les aspérités de leurs voisins n'en poussent pas moins drus et touffus, par fourrés de grandeur à peu près égale, à côté des chardons de la première sorte. On affirme que ce n'est ni la nature ni le hasard qui auraient amené là ces deux plantations, mais qu'elles seraient dues à un essai de culture des premiers colons espagnols, essai qui n'aurait que trop prospéré. A vrai dire, les cardonales n'ont qu'une saison. On n'ignore pas que chaque année le chardon meurt après avoir répandu sa graine autour de lui. Il y a donc un moment où le sol seulement jonché de débris devient accessible en tous sens, puis le chardon commence à repousser et pendant la durée de l'hiver offre une verdure tendre qui devient pour les bestiaux un précieux pâtis. En ce sens, les cardonales ont aussi leur utilité, mais, quand la nature renaît, la plante, restée basse, grandit et s'arme; il faut chercher la vie du bétail ailleurs. C'est alors qu'on se retourne vers les plaines situées plus à l'ouest et comprises entre les terres et le cours du Negro. Ces plaines, au lieu du chardon, sont de vraies prairies à l'herbe rude, qui croît vite et sèche vite aussi, mais enfin ne se défend pas comme les cardonales contre la dent des troupeaux.

Les habitants de cette curieuse contrée ne sont pas, comme on le croit d'après les cartes, ceux de la république argentine, ou les colons espagnols de Buenos-Ayres, les Gauchos si célèbres comme cavaliers, intrépides lanceurs du lasso avec lequel ils arrêtent les chevaux sauvages. Ces derniers habitent bien vers les frontières, sur un espace restreint, comme les habitants des républiques organisées qui ont bien pu tenter des expéditions dans ces terres désolées, mais le sol n'appartient en propre qu'aux Indiens.

Ceux qui habitent les Pampas sont issus de ces tribus d'Araucaniens auxquels les Espagnols n'ont pu jamais imposer de joug et qui vivent à l'extrémité méridionale du Chili. Seulement, en traversant les Andes pour venir peupler les plaines de la Plata, les fils des Araucaniens ont perdu une partie des qualités de leur race. L'Araucanien en effet, d'une bravoure absolue, a bien d'autres défauts, mais, quoique grossier, vindicatif, indolent, il est pourtant en partie civilisé. Grâce à la polygamie qu'il pratique en grand, il a des femmes qui exécutent pour lui des vêtements dont elles fabriquent jusqu'à l'étoffe, et une maisonnette d'une construction savante. Celles-ci cultivent pour lui des champs assez fertiles, ou mènent paître d'abondants troupeaux pendant que le maître égoïste se contente de surveiller tout ce travail qui lui profite, en buvant une boisson enivrante qu'on tire pour lui du maïs.

De l'autre côté des Cordillières, ils ont perdu la plupart des avantages de la civilisation. Divisés en races qui se subdivisent ensuite en innombrables tribus, on peut toutefois les rapporter à quatre grands groupes : les *Ranqueles* qui habitent les cardonales ou plutôt le bord des plaines qui les touchent (*ranqueles* vient de *ranquel*, chardon ; les *Picunches* qui habitent le Nord (de *Picun*, nord, et *ches*, peuples) les *Puelches* qui habitent l'Est (de *puel*, orient, et *ches*, peuples) ; enfin les *Pehuenches* qui habitent les parties boisées de pins (de *pehuen*, pin ou plutôt *pignada araucaria* du Chili, et de *ches*, peuple). Notons en passant que les Puelches, qui jadis poussaient leurs razzias jusque dans les villes de la république Argentine, ont fini, à la suite de quelques échecs dont ils se souviennent, par quitter les bords de la Plata, pour se retirer bien plus à l'ouest où ils semblent se maintenir jusqu'à nouvel ordre.

Si nous voulons étudier les mœurs des Indiens des Pampas, nous prendrons par exemple pour type les *Péhuenches*, ceux qui ont le plus gardé de rapports avec leur race originaire. De taille moyenne, comme les Européens, il serait difficile de découvrir chez ces peuples la couleur jaune de leur peau sous les couches de peinture de toutes couleurs, dont ils croient devoir s'orner le corps sans autre règle que leur fantaisie. Leur teint cuivré disparaît, suivant les individus, sous une plaque de terre multicolore ou sous un badigeon monochrome. L'un d'eux portera une rayure horizontale qui lui traversera le visage d'une oreille à l'autre. Lorsqu'ils partent pour la guerre, leur goût pour le maquillage ne connaît plus de bornes, et ils se peignent sur le visage comme sur toutes les parties du corps les dessins les plus horribles; ils vont jusqu'à en imposer autant à la robe tout entière de leurs chevaux ; du reste, dans ce dernier cas, la peinture est le seul vêtement que mette l'Indien. Ces couleurs qu'il s'applique, c'est à l'aide de suif qu'il les fait tenir sur sa peau ; aussi est-il toujours sale et crasseux, même quand il s'habille, car il s'habille et même bien, quand il ne va pas au combat

Chose extraordinaire même, et que les sauvages acceptent peu en général, les femmes, mises différemment des hommes, n'en sont pas moins vêtues avec recherche comme eux. Leurs cheveux noirs sont enduits de graisse de jument et recouverte d'une sorte de couvercle tout garni de perles qui leur tient lieu de chapeau. Une clochette est fixée à cette coiffure et les oreilles portent deux sonnettes semblables. Quoique assez laide, la femme indienne pehuenche n'en est pas moins coquette ; elle se couvre les bras, les jambes, d'anneaux de bracelets ; au cou, elle porte un ou plusieurs colliers munis de pendentifs, ses doigts sont chargés de bijoux, et on la voit, éprise du tintement de ses sonnettes, comme du choc de ses pendeloques, remuer à chaque instant la tête, en jouant comme les femmes andalouses le font avec leur éventail. Une robe appelée *quédélo* en laine bleue ou rouge est due toute entière au travail de leurs doigts, car elles la filent, la tissent et la cousent, les habille des pieds à la tête. Le *quépiqué*, sorte de ceinture perlée, signe d'élégance recherchée, qu'attache un grand fermoir d'argent, leur serre la taille. Enfin un grand châle en laine qui tranche avec la couleur de la robe vient se draper sur la poitrine ; une épingle en argent pareille à nos épingles à bonnets l'y attache.

Le costume des hommes, dont le visage est moins laid en général que celui des femmes, serait fort pittoresque, si ce n'était leur malpropreté qui souille vite leurs vêtements. Il faut pour en juger voir le cavalier monté, vêtu d'habits neufs et tenant en main sa longue pique. Si la moitié d'entre eux ne portent aucune coiffure, l'autre moitié se coiffe ou d'une sorte de casque fait de peau de cheval ou d'un chapeau de paille pointu qu'ils achètent, car ils ignorent l'art de ces fabriques.

Deux grands anneaux de cuivre pendent à leurs oreilles. Leur vêtement fait de laine tissée par les femmes du pays est en une sorte de molleton ou gros drap, comme dans les États hispano-américains sous le nom de *puncho* et qu'ils échangent, en faisant fabriquer bien plus qu'il ne leur en faut pour leurs besoins, contre des parures, des perles, des objets en argent et des armes, fers de lance, couteaux et navajas. Dans ce marché, par parenthèse, le pehuenche se montre très-habile acheteur. Il connaît admirablement la valeur des objets et ne se laisse jamais tromper sur le métal pour lequel ses yeux sont plus infaillibles que la pierre de touche. A ce manteau de *puncho*, teint en plusieurs couleurs et formé d'une sorte de chasuble où la tête passe par un trou, s'ajoute une vaste ceinture également en laine multicolore et qui descend jusqu'aux genoux. Sur celle-ci une autre ceinture de taille, en peau et portant une foule d'ornements. Enfin, le vêtement se complète par une paire de grandes bottes d'une provenance bien étrange.

Le Pehuenche prend tout simplement les deux jambes d'un cheval mort, et les dépouille, puis, pendant que la peau est encore fraîche, il s'en chausse. Le talon de l'homme vient se placer là où était le jarret de la bête ; ensuite, le reste de la peau est recoupé sur le pied et recousu en forme de soulier. Ceci fait, la botte ne quittera plus le cavalier ni jour ni nuit que pour être remplacée par une semblable. En séchant au grand air, la peau d'abord trop large finit par se modeler exactement sur la jambe.

L'Indien des pampas est nomade, c'est pour cela qu'il se bâtit la tente la plus simple possible. Des bâtons qu'il courbe, ou mieux encore, des sortes de roseaux, s'il en trouve, en forment la charpente. L'une de ces baguettes est plantée en terre par ses deux bouts et forme une sorte d'arc qui n'a pas plus d'un mètre de haut. Sur cet arc on attache les extrémités d'autres baguettes également fichées en terre et s'arrondissant un peu de façon à former le dôme; des peaux de bœuf ou de cheval viennent ensuite recouvrir cette charpente, qui a quelque analogie avec l'armature de certaines voitures découvertes. Pour donner plus de solidité à l'assemblage des peaux, elles sont cousues entre elles avec les nerfs des animaux, préparés à cet effet par les Indiennes au moyen d'une mastication qui permet ensuite de les filer.

Telle est la tente des Indiens Pehuenches. Il n'est pas besoin de faire remarquer qu'elle est trop petite pour qu'on puisse s'y tenir debout. Aussi, en dehors des nuits, ne sert-elle d'abri que pendant les grandes neiges ou les grandes pluies. L'Indien s'y couche ou s'y accroupit sur des peaux de mouton, au milieu des ordures les plus répugnantes; car jamais tente n'a connu les soins du nettoyage. Quand le sol est tapissé de détritus et d'immondices de toute sorte, de façon à ce que l'on ne puisse plus entrer dans cette affreuse caverne factice, le sauvage la transporte ailleurs et tout est dit. C'est que pour lui, en effet, comme pour la plupart des nomades, la maison n'est rien. La vie pastorale, la chasse et le pillage sont tout. Il est toutefois moins chasseur que beaucoup d'autres Indiens, sans doute à cause du bétail nombreux qu'il élève, et qui suffit à constituer la plus grosse partie de sa nourriture et de celle de sa famille. Néanmoins il prend plaisir, de temps en temps, à donner la chasse aux deux grandes bêtes du pays, le cerf et le tandou, petite autruche d'Amérique.

Le premier de ces deux gibiers est pourtant loin d'être appétissant et un Européen ne consentirait certes pas à en tâter, car le cerf des prairies de la Plata s'éloigne par plusieurs points de celui de nos climats. Il est énorme et ne pèse pas moins de soixante-quinze à quatre-vingts livres; mais il porte une odeur tellement infecte que les chiens eux-mêmes, repoussés par elle, renoncent à la quête. C'est de deux glandes, que la nature a placées au cerf près des yeux, qu'il dégage ce désagréable parfum. Ces glandes lui ont été données, comme celles que les moufettes portent sous la queue, en guise de moyen de défense. Elles expriment, quand il le veut, une sorte de liqueur dont l'odeur fait fuir l'ennemi. Mais l'inconvénient de cette arme, c'est que, le cerf mort, si on n'extrait ces glandes méphitiques, la chair de l'animal devient absolument immangeable. Le Pehuenche le sait bien, et non-seulement il enlève cette partie de la tête, mais il a soin d'enterrer le cerf tout entier, pendant un laps de plusieurs jours. La viande, moins fraîche, perd ainsi son odeur et sa dureté et arrive à être à peu près comestible.

A ce mets, il ajoute comme fantaisie culinaire les filets de jument mais non de cheval, car celui-ci lui est utile comme monture ; tandis que, dans toute la région, les colons espagnols eux-mêmes, par un préjugé inexplicable, ne s'aviseraient pas de monter des juments. Devenue dès lors inutile aux yeux des Indiens qui s'occupent peu ou point d'élevage, la jument rentre dans les viandes de boucherie. Le reste en est fourni par les bestiaux ordinaires : bœufs, veaux, moutons; mais comment pensez-vous que l'Indien se procure ce troupeau? Simplement par des razzias audacieuses, faites en plein jour et presque sous les yeux des habitants des régions voisines. Encore si le sauvage n'enlevait que les chevaux et le bétail. Mais il prend aussi, quand il le peut, les femmes et les enfants. Quand Rosas délivra des Puelches le territoire de Buenos-Ayres qu'ils pillaient effrontément à intervalles rapprochés, il reprit sur eux jusqu'à quinze cents prisonniers qu'ils avaient ainsi enlevés.

Parfois, vers la fin de la saison, quand les herbes commencent à jaunir et à se faner, quand les chardons se brisent sur leur tige, la plaine des pampas, presque tout entière, apparaît en feu. C'est une mer de flammes qui court, gagnant du terrain ; incendie quelquefois accidentel, il est vrai, mais plus souvent volontaire. C'est quelque tribu indienne qui a voulu se donner un spectacle en hâtant la destruction que la nature allait consommer.

IX

LES GUARANIS HABITANTS DES FORÊTS DE PALMIERS.

La plupart de nos lecteurs, ont entendu parler du fleuve Orénoque, l'un des plus grands affluents d'eau de toute l'Amérique du Sud et du monde entier. De l'entrée de son embouchure jusqu'à la source de ce fleuve, on compte une distance de douze cent milles, qui s'étendent non point en ligne droite, mais qui parcourent une courbe ressemblant fort à un 6, dont la pointe serait l'endroit où le cours d'eau aboutit à la mer.

En un mot, l'Orénoque prend sa source dans les montagnes inexplorées de la Guyane espagnole et coule d'abord vers l'est, pour s'en aller en retournant, comme le fait la boussole, du côté de l'ouest et virer ensuite jusque vers l'Atlantique.

L'Orénoque a plusieurs embouchures. A quarante milles en deçà de la mer, le fleuve se scinde en cinquante branches, dits *canos*, qui toutes s'écoulent lentement vers la côte.

L'une de ces branches, embrasse un delta aussi vaste que toute la superficie de l'Angleterre. Quoique chacun de ces *canos* ait un nom qui lui est propre, il n'y en a que trois ou quatre qui soient assez profonds pour porter des navires d'un certain tonnage. A l'exception de quelques pilotes dont la profession est de diriger ces bâtiments, nul ne peut se flatter de connaître ce pays encore peu fréquenté par les voyageurs.

Le fleuve même serait inconnu de nos jours, sans la remarquable publication de M. de Humboldt, laquelle, de l'avis unanime, est la plus belle relation de voyages, qui ait été jamais écrite.

C'est à lui que l'on doit réellement la découverte de l'Orénoque.

Les Espagnols, qui sont maîtres du pays depuis plus de trois siècles, n'avaient rien découvert avant lui, soit par incurie, soit par tout autre motif. Voilà près de cinquante ans que nous connaissons « la narration personnelle » de M. de Humboldt, et depuis cette époque nous n'avons rien appris de nouveau, sur le pays et sur les habitants.

A vrai dire, il y a peu de choses à ajouter. L'Espagne, malgré ses missionnaires qui se vantaient de civiliser les peuples de ces régions, n'a pas réussi dans le but qu'elle se proposait; car les habitants de l'Orénoque sont revenus à leurs superstitions d'autrefois, et à l'adoration des faux dieux.

C'est sur les rives de ce grand fleuve que l'on rencontre les Guaranis, appartenant sans aucun doute à la grande nation caraïbe des Indiens de l'Amérique du Sud. Cette tribu, composée de sept ou huit mille individus, vit séparée des autres tribus caraïbes, et forme une autonomie complète parmi les peuples sauvages.

Comme tous les grands fleuves, l'Orénoque est sujet à des crues périodiques d'élévation et de décroissance. On pensait, depuis longtemps, que ces inondations provenaient de la fonte des neiges dans les Cordillères et les Andes, où différents affluents du grand fleuve prennent leur source; mais on a bientôt découvert que c'est à l'énorme quantité de pluie qui tombe pendant la saison tropicale, pluie formée par la position de la terre et du soleil dans la zone torréfiante, que sont dues ces inondations. L'époque annuelle de ces pluies est tellement exacte, que les Guaranis vous indiquent l'arrivée de ce déluge et le moment où il va décroître.

Le moment de la crue correspond à notre saison d'été : il commence en avril, et le fleuve est monté graduellement à son niveau le plus élevé au mois d'août, pour être tout à fait redescendu aux plus basses eaux au mois de décembre. Certains voyageurs affirment, que le niveau le plus élevé atteint trente-trois mètres, tandis que d'autres l'évaluent à la moitié et même à moins. Cette différence d'estimation provient de l'endroit où ces mesures ont été prises; mais, à vrai dire, la crue est toujours la même à un mètre près.

Des observations météorologiques faites à Angusture, le point le plus éloigné vers le sud des établissements espagnols, ayant quelque importance sur le fleuve Orénoque, ont donné la juste valeur de ces appréciations.

En cet endroit, vis-à-vis de la ville, l'on aperçoit un rocher en forme d'île qui se dresse comme une pyramide, à vingt mètres au-dessus du niveau ordinaire du fleuve à eaux basses. Un arbre, un seul, se dresse sur ce rocher et chaque année, au moment où le fleuve est parvenu au point le plus élevé de l'inondation, l'on ne voit plus que cet arbre : la pierre est sous l'eau. C'est à cause de cela que les habitants ont nommé cet ilot « l'Orinocomètre. »

La crue en cet endroit est de dix-sept mètres; mais il ne s'ensuit pas que chaque année le fleuve monte toujours aussi haut.

A Angusture (qui veut dire *passage étroit* en espagnol) le fleuve est resserré de moitié de sa largeur ordinaire entre deux berges très-élevées. En amont de ce passage et en aval, l'Orénoque reprend son vaste lit et couvre une grande partie du territoire, s'écoulant au milieu des forêts de palmiers et de cocotiers, dont les cimes émergent hors de l'eau. Ces inondations sont particulièrement remarquables dans le delta de l'Orénoque, où, pendant les mois de juillet et d'août, le pays ressemble a un vaste lac.

Il serait fort difficile aux embarcations d'un fort tonnage de se diriger au milieu de ces écueils, si les navigateurs n'avaient pas la tête des arbres pour point de repaire et d'orientation.

Les *buyos* — c'est ainsi que l'on nomme les arbres dans l'eau au Brésil — sont les jalons des canaux de l'Orénoque.

Pendant la période de l'inondation, le voyageu. qui remonte le grand canal de l'Orénoque, — nommé *Boea de navios* (l'embouchure des navires) — apercevra au nord, devant lui, une forêt émergeant du milieu des eaux. Là un ou deux cocotiers ou palmiers, l'un près de l'autre, plus loin des groupes compactes formant un petit bosquet d'un vert foncé, reflété par le miroir liquide.

Quand vient la nuit, en se dirigeant au milieu du delta, on aperçoit un spectacle étrange et inexplicable, si l'on n'a pas la clef de ce qui se passe en cet endroit. Les premiers navigateurs qui en furent témoins éprouvèrent une certaine épouvante. Devant vous s'ouvre une forêt noyée dans l'eau ; mais en regardant vers la cime des arbres, on remarque des feux allumés, non point comme dans un incendie, mais bien des foyers alimentés et brûlant d'une façon régulière. Les lueurs de ces flammes répandent des éclats rougeâtres sur le feuillage lisse des arbres et se reflètent sur les eaux argentées.

En approchant de ces feux on distingue des ustensiles de cuisine, suspendus au-dessus des flammes ; des femmes, des hommes semblent voler d'un arbre à l'autre et à la surface des eaux une quantité de canots — *periagnas* — sont amarrés aux troncs d'arbres.

Tout cela est fait pour surprendre, et l'on se demande ce que signifie un pareil spectacle? Ces flammes suspendues en l'air, ces formes humaines qui parlent, gesticulent, rient, s'ébandissent et se démènent comme des sauvages. Ce sont des habitants des bords de l'Orénoque, dont les cabanes sont suspendues en plein air, ce sont les Guaranis.

En approchant de plus près et en s'avanturant au milieu d'un de ces villages, sans être aperçu, — car il y va de la vie du voyageur, — on peut examiner à l'aise les mœurs de ces peuples. Cette bourgade des Guaranis se trouve à cent milles du rivage et d'une terre non inondée. Plusieurs vont se passer avant l'écoulement des eaux et, à l'époque où l'Orénoque sera redescendu à son niveau, le sol offrira plutôt un marécage qu'un terrain sec. Les Guaranis seuls peuvent passer par là.

Heureusement qu'à l'aide des canots, dont nous avons déjà parlé, les Guaranis vont où bon leur semble ; ce n'est pas pour chercher leur nourriture, mais bien pour faire du commerce et des échanges relatives aux objets nécessaires à leur ménage. Dans leurs demeures aériennes ils sont inexpugnables, car la faim ne peut les réduire ; ils trouvent tout ce qui leur faut dans leur canton : de la viande, du poisson, de l'eau potable et bonne pour tous les usages du logis. Quelle que soit la durée de l'inondation, peu leur importe; car ils ne souffriront ni de la soif, ni de la faim. Non-seulement ces sauvages vivent de poissons, mais ils ont en abondance des tortues et des *manatis* (la vache marine). C'est à la pêche de cette sorte de lamentin qu'ils s'évertuent du matin au soir.

Toutefois, comme ces peuplades, à l'époque des inondations, trouvent souvent peu de choses à pêcher, ils seraient fort malheureux s'ils n'avaient pas sous la main une nourriture inépuisable. Ce mets, c'est le chou palmita, — l'*ita*, ou le *morichi* suivant la locution espagnole — des planteurs de l'Orénoque.

L'*ita*, c'est l'arbre palme, le *mauritia* ainsi qualifié d'après le nom du prince Maurice de Nassau, à qui de Humboldt l'a dédié.

Les *mauritias* comportent un grand nombre d'espèces et on trouve ces arbres dans tous les coins de l'Amérique tropicale. Les uns atteignent des hauteurs de mâts de navire ; les autres, rabougris, dépassent a peine un mètre et demi. Certains palmiers ne poussent que sur un sol desséché, loin de l'invasion des inondations, tandis que d'autres ne se plaisent qu'au milieu des marécages ou au sein des eaux. L'*ita* est le plus remarquable de ces derniers arbres, qui restent pendant six mois les racines immergées.

Comme ses congénères, « l'arbre à éventail » (qui produit en effet ces feuilles avec lesquelles on façonne ces éventails grossiers, reliés aux pointes par une petite liane, rattachent les bouts de feuilles), l'*ita*, pour appeler par son nom le petiole, autrement dit la tige de la feuille, a trois mètres de long et la feuille un développement pareil. Tout ce qu'un Guaranis peut faire, c'est de porter une de ces feuilles.

Maintenant, si vous mettez à la cîme d'un de ces

mâts une certaine quantité de ces feuilles, s'en allant, de ci, de là, dans toutes les directions, vous aurez devant vous un *morichi* de la plus belle venue.

Examinez ensuite avec soin la pointe du milieu de l'arbre et vous verrez une sorte d'asperge géante qui, par l'effet de la chaleur, se développera et donnera des feuilles qui deviendront géantes à leur tour.

Un fait plus curieux encore est celui-ci : à l'endroit où le pétiole entoure la tige du *mauritia*, on voit, à certaines époques de l'année, un large étui qui se développe jusqu'à plusieurs pieds. Quand il s'ouvre, il découvre un bouquet de fleurs d'un blanc verdâtre, disposé sur la tige par rangées régulières. En regardant avec attention, on s'aperçoit que ces grappes sont de deux espèces ; car l'arbre palmé *mauritia* est dioïque, c'est-à-dire qu'il y en a de femelles, comme il y en a de mâles. Le polhen du dernier va féconder la fleur du premier; d'après les mystérieuses lois de la nature, les fruits prennent une forme, grossissent et mûrissent peu à peu. Ces fruits sont alors de la taille d'une petite pomme dont ils ont la forme, seulement, ils sont recouverts de petites écailles qui les fait ressembler a des pommes de pin qui seraient rondes. C'est à l'intérieur que l'on trouve une amande. Une seule tige donne des centaines de fruits, des milliers, pour mieux dire, et c'est à peine si deux hommes suffiraient pour emporter cette charge.

Lorsqu'un Guaranis veut se construire une habitation, au lieu d'en creuser les fondations dans la terre, qui est marécageuse et impropre à un pareil travail, il examine jusqu'à quelle hauteur la dernière inondation s'est hissée le long du tronc des arbres, et alors on le voit procéder de la sorte.

Il choisit d'abord quelques troncs de mauritia, ceux qui sont disposés en carrés entre autres, puis il coupe d'autres arbres pour en façonner des poutrelles; il entaille les quatre arbres, à deux mètres au-dessus de la plus haute marque de l'inondation et y lie ses poutres avec de solides lianes, ou des cordes de son invention, qui, plus tard, serviront à faire des échelles. Cela fait il pose à plat un clayonnage de branches de palmiers entrelacées, de la boue pétrie par dessus et enfin un second lit de branches qui sera le plancher. Il s'agit de pouvoir faire du feu, et le foyer doit être fort solide.

Pas de murailles à cette demeure aérienne, qui n'offre ni fronton, ni fenêtres, le Guaranis songe alors à façonner la toiture qui le préservera de l'ardeur du soleil, et pour cela il construit une sorte de paravent ou plutôt de parapluie, composé de nattes qui le garantiront contre toutes les intempéries de l'atmosphère.

Voici le logis terminé, grâce à l'arbre palmier, qui lui a fourni tous les matériaux, poutres, solives, lattes, cordages et nattes. Les cordages sont faits avec les feuilles du *mauritia*, qui sont aussi bonnes que le chanvre pour cet usage. Ce sont les femmes qui tressent les nattes et elles sont très-habiles dans ce genre de travail.

Dès qu'il est logé, le Guaranis songe à sa nourriture. Il a pêché du poisson, peut-être s'est-il procuré une tortue, ou bien son garde-manger est-il fourni de viande de manati ou d'alligator : peu lui importe ! son palais n'est pas délicat et un steak de crocodile n'est point à dédaigner.

Mais quand l'inondation couvre la contrée, le poisson devient rare ou impossible à trouver ; les autres animaux ont fui près du rivage, et il faut pourtant trouver quelque chose à mettre sous la dent.

Le Guaranis va faire une sorte de pain, et c'est avec la moelle, contenue dans la tige de certains mauritias, qu'il fabrique une fécule, en l'écrasant ou en la grattant. Cette poudre dissoute dans l'eau ressemble fort au sagou.

Le yourouma, autrement dit le sagou de l'Orénoque, ne se trouve que dans le tronc des mauritias mâles ; on l'extrait du trou de l'arbre au moment où la fleur va éclore.

Le même phénomène se rencontre au Mexique dans la plante alasou magnus, dont les habitants extraient la boisson appelée *pulque*.

Après avoir mangé son yourouma, le Guaranis veut boire. Recourra-t-il à l'eau de l'Orénoque qui passe au-dessous de sa cabane ; non, cela lui arrive toutefois en certaines occasions, mais il préfère un liquide plus propre à le mettre en gaité, et l'*ita* lui fournira encore, sans trop de travail, un breuvage qui remplira ses vœux les plus chers. Il va pratiquer une entaille dans les palmiers voisins pour en retirer la sève, laquelle, soumise a certains procédés de fermentation devient un vin — le vin de Mauritia — qui, pris en grande quantité, enivre un Guarani comme la plus forte eau-de-vie.

Si plus sage, il n'a qu'un désir, celui de se désaltérer, il jette dans un vase plein d'eau quelques noix de mauritia qu'il laisse fermenter ; puis, avec un pilon, il écrase ces pommes d'ita pour en détacher la pulpe et n'a plus qu'à passer cette boisson à travers un tamis de fibres de palmiers.

Le breuvage est prêt à être bu. Mais pour boire il est indispensable de se procurer des ustensiles à cet usage ; c'est encore l'*ita* qui les fournira au Guarani. Il taille dans le tronc de l'arbre des plats, des cuillères, des louches et des tasses.

En trafiquant avec des Européens, les Guaranis se procurent des instruments de fer, haches, couteaux, ciseaux. Mais avant la venue des peuples civilisés sur le continent de l'Amérique du Nord, les habitants de l'Amazone se servaient de hachettes, de silex et de couteaux d'*obsidienne;* de nos jours même, quand il n'a pas de fer, le Guarani emploie encore la pierre à fusil sans recourir le moins du monde aux métaux.

L'arc et les flèches des habitants des forêts de palmiers sont également faits avec les tiges de l'ita, qui lui fournit la hampe et ses harpons pour la pêche aux manatis, aux dauphins et aux alligators.

Les canots aussi légers que du liége, dont les Guaranis font usage, sont creusés dans le tronc d'un palmier; leurs filets, leurs lignes de pêche, l'étoffe dont ils se ceignent les reins, tout est filé, ou tissé avec les fibres de l'ita.

Quand le Guarani veut dormir, il s'étend non point sur le sol de sa cabane aérienne, mais dans un ***rede*** ou hamac, suspendu entre deux arbres. C'est là qu'il se repose, non point seulement durant la nuit, mais encore pendant la journée, quand la chaleur du soleil l'empêche de se livrer à quelque violent exercice.

Ce sont les femmes qui tressent ces lits en filets : il leur faut d'abord se procurer les fibres de palmiers, puis elles les dévident et les filent en cordelettes qu'elles laissent sécher pour les rendre plus solides. Puis, avec une adresse sans pareille, elles entremêlent tous ces cordons de façon à arriver à fabriquer une natte mobile, flexible moelleuse, qui servira de couchette à leur mari aussi bien qu'à elles-mêmes.

Il n'y a donc pas lieu d'être étonné, si les missionnaires ont surnommé les palmiers de l'Orénoque : *les arbres de vie.*

On se demande pourquoi les Guaranis se sont assujétis à une pareille existence, quand ils ont autour d'eux d'immenses territoires déserts, non sujets à l'inondation, sur lesquels ils pourraient demeurer, sans se donner tant de mal et en ayant à leur portée ces vivres plus abondants ?

Pourquoi les Esquimaux, les Lapons, se plaisent-ils mieux dans les pays de glace que partout ailleurs sans rêver le moins du monde à quitter leur pays désolé pour aller vivre dans des pays fertiles, encore inhabités.

Sans nul doute, les Guaranis ont été d'abord chassés de leur pays natal sur la terre ferme, et se sont vus contraints à chercher un refuge dans les marécages, au milieu des mauritias, où ils sont restés. En cet endroit du moins, rien ne vient les déranger et ils jouissent du plus précieux de tous les biens : la liberté.

Ce qui était d'abord une nécessité est devenu plus tard une habitude dont il ne peut se défaire.

De nos jours, les Guaranis ne seraient pas en sûreté — il faut le dire — s'ils s'éloignaient des parages aquatiques où ils résident. Car les pauvres indiens, dans certaines provinces de l'Amérique du Sud, sont traités comme des esclaves. Au milieu du delta, rien ne peut l'opprimer : aucun chasseur d'esclaves ne viendra le chercher. Ses congénères eux-mêmes n'osent pas les poursuivre sur ce terrain fangeux, où ils glissent avec la rapidité d'un oiseau.

Pendant les inondations et après la crue, ils n'ont pas le moindre danger à redouter et, quoique fassent ou disent les missionnaires, tout porte à croire qu'ils ne s'éloigneront pas de sitôt de leurs asiles suspendus, comme des nids d'oiseaux au-dessus de ces lacs improvisés.

X

LES MUNDRUCUS DÉCAPITEURS.

Parmi les tribus étranges qui vivent sur le territoire des Amazones, les Mundrucus marquent indubitablement comme une nation sérieuse et avec laquelle il faut compter, eu égard à ses dispositions guerrières.

Ces indigènes forment une agglomération composée de différents villages, associés ou conquis et subjugués par les réels Mundrucus, comme le sont certaines tribus de Peaux-Rouges de l'Amérique du Nord, les Comanches, par exemple, qui ont amené dans leur sein les Waccos, les Pawnées et les Ionays.

La première peuplade conquise par les Mundrucus a été celle des Mahue, qui, réunie à la première, forme une population de vingt mille âmes.

Avant l'époque où les Portugais pratiquaient la traite, les Mundrucus occupaient la rive sud du fleuve

Amazone, depuis l'embouchure du Tapajos, jusqu'à celle du Madrucu. Cette infâme chasse à l'homme eût pour résultat la fuite des indigènes qui quittèrent ces parages, à l'exception cependant des hommes qui se soumirent à l'esclavage, ou devinrent catholiques après avoir été convertis par les missionnaires. Les Mundrucus résistèrent et, pour ne pas tomber entre les mains de leurs ennemis, se retirèrent plus haut dans les terres, sans être battus ou vaincus, sans céder à la peur, mais en s'éloignant en bon ordre, quelles que fussent les attaques des Portugais, qui se virent forcés de conclure des alliances avec ces sauvages.

A l'heure actuelle, les Mundrucus, établis au-dessus des cataractes du Tapajos, vivent en hostilité constante avec les Brésiliens de race noire, depuis 1835, surtout où ces sauvages furent employés contre les rebelles nommés les Cabanos, qu'ils vainquirent et forcèrent à se soumettre.

C'est donc à Iapajos que l'on rencontre les Mundrucus, qui, tout en vivant en bonnes relations avec la race blanche, n'en sont pas moins en constant état de guerre avec les peuplades rivales, voisines de leur territoire.

Le temple des Mundrucus se nomme *La Malocca* : c'est là que se trouve leur arsenal, leur chambre de conseil, leur salle de bal, qui devient au besoin une forteresse, car ces sauvages ne quittent leurs armes ni la nuit, ni le jour. Ces constructions sont très solides et recouvertes d'un torchis de terre glaise ; on y trouve des têtes humaines, coupées par les indigènes et soigneusement desséchées. C'est à ces trophées sanglants que les Mundrucus doivent leur qualification de décapiteurs.

Tout autour de la Malocca, s'élève un village composé de huttes, servant de résidence aux familles sauvages.

Comme moyen de subsistance, ces indigènes cultivent le manioc, le plantin et le maïs, qu'ils savent réduire en farine.

Ils connaissent aussi la préparation du *chica*, qui a le pouvoir de donner la mort à ceux qui en boivent. Leur vaisselle consiste en calebasses de toutes sortes, et leurs instruments de ménage sont semblables à ceux de leurs voisins du fleuve Amazone.

Les armes des Mundrucus sont la lance, l'arc et les flèches.

Leurs moyens de locomotion consistent en des canots creusés dans des troncs d'arbres, à l'aide desquels les hommes chassent et pêchent sur le grand fleuve, tandis que les femmes cultivent le sol, récoltent la moisson, coupent le bois de chauffage et font provision d'eau potable. Ce sont elles aussi qui préparent la nourriture, confectionnent les outils et les ustensiles, toutes occupations considérées comme indignes de la majesté de l'espèce mâle de la tribu.

Les Mundrucus font avec les blancs un grand commerce de salsepareille, dont la ceuillette s'opère pendant six mois de l'année; les six autres sont consacrés à se battre avec les voisins. Cette plante médicinale est échangée par eux pour des ornements de luxe et des instruments de fer.

Tous ces sauvages connaissent la valeur de la salsepareille qui provient de différentes plantes de l'espèce *smilax* et qui diffèrent peu entre elles. Le meilleur produit est cependant celui qui vient des pays tropicaux, et qui pousse dans les terrains humides, grâce à la fraîcheur desquels la sève est plus abondante et plus active. Mais cette espèce est récoltée dans des contrées inaccessibles à l'homme blanc, eu égard aux ennemis qu'il y trouverait à chaque pas.

Le pays des Mundrucus, où nul européen n'oserait pénétrer, produit la meilleure salsepareille; c'est celle qui est connue dans la médecine et la pharmacie sous la qualification de « Lisbonne » ou « Brésil » et dont la plante se nomme le *smilax papyracea* de Soiret.

Ce *smilax* est un arbuste grimpant, dont la tige aplatie et anguleuse est bordée de piquants sur les bords. Les feuilles dont la forme est d'un ovale allongé, sont striées de nervures. La salsepareille pousse tout droit, sans le besion d'un tuteur, à la hauteur de cinq à six mètres; elle s'accroche alors où elle peut, pour s'allonger dans toutes les directions, aussi loin que possible.

C'est dans l'écorce des racines que résident les vertus médicinales de la plante, ce qui n'empèche pas que les tiges soient également recueillies. On les ficelle ensemble, et elles sont vendues telles qu'elles aux commerçants. Les Mundrucus arrachent toute la plante, c'est ce qui fait qu'elle est devenue fort rare et qu'elle disparaîtra peu à peu, car ces sauvages ne songent pas à l'avenir.

J'ai déjà dit que six mois de l'année étaient consacrés à cette récolte. C'est pendant la saison pluvieuse que les femmes se livrent à ce travail, par cette raison que la terre étant humide, il leur est plus facile de creuser et d'arracher la salsepareille. Rien n'est plus curieux que de voir ces femmes revenir, le soir au logis, chargées d'un faix énorme qu'elles ont recueilli dans la forêt.

La vertu médicinale de la salsepareille est bien plus grande quand la plante est fraîche, aussi les Hispano-Américains l'emploient-ils dans cet état : les Européens sont obligés de se contenter de la décoction qui a bien ses effets sur les malades, quoiqu'ils soient moins rapides.

Lorsque la salsepareille destinée à l'exportation est sèche, on la dispose en paquets du poids uniforme d'un « arrobe », autrement dit de vingt-cinq livres environ. Ces paquets de forme ronde, allongée, sont attachés avec une sorte de liane qu'on appelle *sipo*.

Qu'on ne s'imagine pas que cette dernière plante est également de la salsepareille? Les Mundrucus ne gaspillent point le travail de leur femme et de leurs enfants, car le *smilax papyracea* vaut généralement de soixante à soixante-quinze centimes la livre.

La salsepareille n'est pas le seul objet de commerce de ces peuplades de l'Amazone. Ils recueillent également le *guarana*, qui est un fébrifuge fort connu et très-apprécié. Ce remède se fait avec les graines de l'inga, sorte de mimosa de petite taille et très-touffu, que l'on fait piler et que l'on réduit en poussière. Ce produit est ensuite mélangé avec de l'eau, de façon à devenir une pâte que l'on moule en briquettes pour l'exportation.

J'ajouterai à toutes ces récoltes une sorte de tabac à priser que les Mundrucus préparent pour eux-mêmes et dont les effets sont électriques, dès qu'ils introduisent un peu de cette poudre dans le nez. Cette « prise » semble tout d'abord rendre fou celui qui l'a aspirée ; mais quand la convulsion est passée, il reprend une nouvelle force et la joie se manifeste sur son visage.

Ce tabac à priser est fabriqué avec les graines d'un accacia que l'on nomme le *niopo* ou le *lingoa géral*. Les graines de cet accacia, mélangées à de la chaux vive, sont maniées et triturées de façon a être réduites en poudre, puis en tablettes que l'on râpe, comme l'on ferait d'une noix muscade, quand on veut prendre sa prise. Les Mundrucus se servent de cette poudre à l'aide de deux petits pinceaux liés ensemble qu'ils imbibent de ce produit et qu'ils s'introduisent ensuite dans le nez. A l'instant même le Mundrucus ressent les effets dont j'ai déjà parlé.

Plusieurs tribus des bords de l'Amazone font également usage de *niopo*, mais les Mahues sont ceux qui ont le goût le plus prononcé pour ce plaisir d'éternuement convulsif et fortifiant.

Les Mundrucus ont l'habitude de se tatouer le corps. Chez ces peuples sauvages l'art de tracer des signes ineffaçables entre cuir et chair, est devenu et est resté une institution, et, quelle que soit la couleur qu'éprouvent ceux qui sont soumis au tatouage, les Mundrucus font subir ce supplice aux femmes, aux enfants et aux hommes. Les vieilles femmes de la tribu pratiquent cette ornementation. Elles se montrent très-adroites et très-habiles dans la combinaison et la bizarrerie des dessins inoculés dans la peau de leurs victimes.

Pour arriver à cette perfection, les sorcières se servent d'un peigne fait avec des épines de murumuru ou de lahona (*gullielmia speciosa*), qu'elles enfoncent dans la peau, de façon à faire saigner la personne qu'elles opèrent. Quand le sang est arrêté, elles enduisent la partie piquée avec une certaine gomme réduite en cendres qui, lorsque la blessure est guerrie, assume une couleur bleuâtre ou noire. Il faut admirer la régularité des dessins de ce tatouage qui couvre les épaules, les bras, la poitrine, les jambes de ces sauvages, quoique généralement on désire peu les imiter.

Les femmes ajoutent à l'ornementation de ce tatouage, des colliers de perles, des bracelets de dents de jaguars et de singes. Quant aux hommes qui, contrairement à l'usage, donnent le ton et la mode, ils se barbouillent le corps avec de la peinture de diverses nuances et placent sur leur front un diadème de plumes de cacatoïs ou autres oiseaux des tropiques: aras ou colobris. Si l'on joint à cela des bracelets de même nature et des jambières semblables, on se fait une idée exacte d'un vrai Mundrucus. Ce costume est celui de ces sauvages de convention, que l'on est accoutumé à voir sur nos théâtres, personnification de tous les sauvages de l'univers.

On ne peut vraiment comprendre les causes qui ont amené les hommes incivilisés, à se défigurer le corps par le tatouage. Nous pouvons dire que, si les Mundrucus se font ainsi peindre la peau, c'est par tradition, parce que leurs pères en faisaient autant.

La plupart des usages parmi les nations policées n'ont pas d'autre origine. Les chapeaux de soie ou de feutre, qui sont de si mauvais goût, et dont nous couvrons nos « chefs », ne sont-ils pas plus hideux que le tatouage des Mundrucus ? On sait que nos matelots ne se croiraient pas de vrais hommes de mer, s'ils ne portaient pas, sur une partie de leur corps, le nom de quelqu'un qu'ils chérissent, gravé en bleu ou en rouge entre la chair et le cuir.

Les Mundrucus subissent non-seulement ce supplice, mais encore celui du *baptême du feu*, qu'ils appellent *tocandéira*. Voici ce dont il s'agit.

Au moment où les enfants atteignent l'âge de puberté — il n'est pas question ici du sexe féminin — on introduit ses mains dans des gants fabriqués avec de l'écorce de palmier, et qui sont remplis de fourmis vivantes, toutes plus venimeuses les unes que les autres. Si le néophyte se plaint, il est déshonoré : jamais il ne pourra lever la tête, ou trouver femme dans la tribu.

Mais les cas de lâcheté sont rares, exceptionnels. Le malheureux plonge donc ses deux mains dans cette robe de « Nessus » et il lui faut danser devant la porte de toutes les cabanes de sa tribu ; il chante, il doit sourire et il est accompagné dans ces exercices par une foule d'amis, de parents, qui jouent d'instruments étranges, tambours, trompettes, flûtes de formes diverses, de façon à l'encourager à supporter la douleur. Quelque soit l'agonie qu'il endure, l'infortuné doit résister et se tenir droit. Le poison est entré dans son sang ; il a la fièvre, il vacille. Qu'importe ! il ne doit point manifester de pusillanimité, car il serait perdu de réputation : jamais il ne tiendrait en main la lance des Mundrucus.

Enfin ivre de douleur, éperdu, le supplicié, s'arrête devant la porte de la résidence du chef. Alors seulement on lui ôte les gants, et à ce moment-là seulement, le Mundrucus, soumis à cette initiation du courage, peut se laisser aller dans les bras de ceux qui l'entourent. Que de félicitations lui sont aussitôt décernées. Les jeunes filles l'embrassent et se jettent à son cou. Mais, hélas ! ce que préfère ce pauvre jeune homme, c'est un bon bain qui le délivrera des démangeaisons horribles qui lui font souffrir le martyre.

Quand l'eau à calmé la fièvre qui le dévore, il peut alors seulement jouir de son triomphe, savourer l'honneur de son courage. Il est devenu un vrai guerrier Mundrucus et peut prétendre à la main de la plus belle fille de la tribu à son choix.

Du reste ce genre d'épreuve n'est pas exclusif aux Mundrucus.

Cattlin raconte dans ses ouvrages que les Mundrucus emploient un moyen analogue pour connaître jusqu'où va le courage des gens de leur tribu.

Le trophée du *scalp*, si connu dans toutes les tribus des Peaux-Rouges, rappelle en quelque sorte les horribles agissements des Mundrucus décapiteurs.

Lorsqu'un de ces aborigènes a tué l'ennemi qu'il poursuit, il ne lui suffit pas d'emporter comme preuve de sa victoire le cuir chevelu de sa victime, il lui faut sa tête au grand complet et il décapite le mort, avec son couteau, en pratiquant une incision au milieu du cou. Le reste du cadavre est abandonné aux oiseaux de proie.

Cela fait, le Mundrucus vainqueur enfonce sa pique au milieu du corps et revient, la tête haute, vers la *malocca*, pour y recevoir les félicitations du chef et de ses amis.

Mais toutes ces congratulations ne suffisent point au vainqueur. Les souvenirs s'effacent, les années font oublier, en s'accumulant, les faits les plus glorieux qui ne sont pas consignés et traduits par quelque trace ineffaçable. L'envie, la calomnie peuvent se manifester et il serait deshonoré.

Que fait alors le Mundrucus? Il embaume la tête de son ennemi avec autant de soins qu'il le ferait de celle de l'un de ses parents. Il commence donc par en arracher les yeux et la cervelle, qui se corrompent trop facilement, puis il remplace les yeux par des coquillages brillants et procède à l'embaumement de son trophée. Le tout est desséché, frisé, bichonné, peinturluré, orné de plumes brillantes d'oiseaux, et quand la tête est ainsi préparée, il perce la langue qu'il a tirée hors de la bouche, y place une cordelette et suspend aussitôt cette hideuse relique aux portes du temple de sa tribu.

Mais ce trophée ne reste pas là éternellement. Vienne une grande occasion, une fête, une cérémonie, et le vainqueur va reprendre cette preuve de sa victoire, dont il fait parade. Il en est même qui placent cette dépouille au milieu de leur champ de manioc, comme on le fait en Europe d'un mannequin pour chasser les oiseaux, qui viennent ravager un champ cultivé.

N'est-il pas vraiment bizarre que cet usage d'embaumement pour la tête d'un ennemi se retrouve chez les Dyacks de Bornéo et que le procédé soit le même? Cela prouve, d'une façon évidente, que les indigènes de l'Amazone et les sauvages de la mer du Sud, ont une même origine.

Les Mundrucus sont rarement à court de vivres; dans ce cas, ils ne doivent s'en prendre qu'à eux. Le sol du pays qu'ils habitent est d'une fertilité sans pareille, et les fruits qu'on y trouve sont très-abondants. Je citerai entre autres, les noix juvia provenant de l'arbre appelé : *bertholetia excelsa*, et encore de celui nommé le *lecythys allaria*.

Les « lapanha » c'est ainsi que les Mundrucus désignent ces noix, sont contenues dans une large gousse ronde, de la grosseur de la tête d'un enfant, qui tombe souvent de très-haut quand les fruits sont murs, ou bien quand les singes s'en servent comme de projectiles.

Or, la chute d'une de ces gousses peut être dangereuse pour la tête d'un passant, aussi ne s'aventure-t'on pas sans précaution sous ces ombrages. Les Mundrucus font le grand tour et se tiennent hors de portée.

Les noix du juvia ou du lapauha, sont au nombre d'une vingtaine dans cette coquille ligneuse, et, pour les arracher aux dents des différents animaux qui en sont très-friands, tels que agoutis, singes, cabias, voire même les cacatoïs, n'en laisseraient pas une aux Mundrucus; ceux-ci se recouvrent-ils le crâne et les épaules d'une sorte de casque et de cuirasse qui les protègent contre les contusions.

La récolte de ces noix suffit à leur consommation et au-delà, car ils en vendent de grandes quantités aux Brésiliens et à tous ceux qui trafiquent avec eux.

Dans la pratique de l'agriculture, les Mundrucus sont assez ingénieux, comme je l'ai déjà expliqué. Ce sont les femmes et les enfants qui bêchent la terre, plantent ou sèment et récoltent enfin les légumes et les fruits.

La viande est rare dans le pays de ces sauvages, car les bœufs et les moutons ne font point partie de la domesticité de ces tribus. Les jaguars, les vampires et les mouches ne permettent pas l'élève du bétail. Mais les Mundrucus font la chasse aux tapirs et aux manatis, aux oiseaux et aux singes. Ce genre de sport s'opère à l'aide d'arcs et de flèches, comme aussi au moyen de piéges de toutes sortes.

Le poisson est également un de leurs régals les plus fréquents.

Pour opérer la cuisson de leurs viandes, les Mundrucus, allument un grand feu et cherchent a obtenir une grande quantité de charbons enflammés et de cendres brûlantes. Au-dessus de ce foyer incandescent, ils placent un gril fait de branches de sapin, et c'est sur cet ustensile primitif qu'ils étendent les tranches de venaison, ou les poissons qu'ils veulent faire rôtir.

La cuisson des singes est plus étrange. Les sauvages de l'Amazone placent sur le feu l'animal entier, non dépouillé de sa peau, souvent même non vidé, et quand l'opération du feu a fait son effet, les dîneurs dévorent l'animal à belles dents, cuir et chair, sans rien laisser perdre.

Nous remarquerons en passant que cette façon de préparer les aliments, — le *barbecue* américain, — n'est pas employée seulement par les indigènes du sud de ce pays. Les Peaux-Rouges du nord des États-Unis, et plusieurs nations incivilisées du monde usent du même procédé.

Souvent, quand il n'a pas le temps de fabriquer un gril, le Mundrucus enfile sa viande ou son poisson à un morceau de bois et la fait rôtir à la broche.

J'ajouterai en terminant, que le gouvernement des Mundrucus est de forme despotique. Le chef, appelé Tuchoo, est investi d'un pouvoir illimité, qui ne va pas cependant jusqu'à tuer ses sujets, si bon lui semble; mais il les tient pour ses esclaves, et ceux-ci se soumettent à ses volontés.

La religion des sauvages de l'Amazone ressemble fort à celle de toutes les peuplades des deux Amériques. Ils croient à des dieux bons et mauvais pour eux, pratiquent des cérémonies absurdes et se laissent duper par des sorciers qui vivent de ce métier-là.

Ce sorcier, que les Peaux-Rouges de l'Amérique du Nord appellent « l'homme médecine », est nommé *Luge*, par les Mundrucus

XI

LES CENTAURES DU GRAND-CHACO.

De tous les paysages de l'Amérique du Sud, un des plus parfaits, des plus enchanteurs, est celui du Grand-Chaco, terre immense qui n'embrasse pas, dans le continent sud-américain, moins de trois cents à trois cent cinquante mille kilomètres carrés de superficie et qui s'étend, dans un sens, sur onze degrés de latitude, tandis que, de l'autre, sa largeur varie suivant les succès ou les revers de la race conquérante sur la race indigène.

Cette riche contrée va des États boliviens et du gouvernement de Chiquitos, qui sert de frontière entre les deux bassins du fleuve des Amazones et du Rio de la Plata, au Salado qui la borne au midi et à l'ouest, et est resserrée à l'orient par les États du Parana et du Paraguay. Ce territoire, resté sauvage quant à la civilisation de ses habitants, fait partie d'une immense zone que les conquérants européens de l'Amérique du Sud n'ont jamais pu soumettre et sur laquelle ils ne peuvent élever que des prétentions. Les cartes, en ceci, son fort erronées et ne peuvent donner une idée exacte des possessions réelles de chaque État. Si les diverses républiques et les gouvernements de la péninsule sud-américaine possèdent, de ci de là, quelques établissements connus, qui semblent leur donner l'entière propriété du pays où ils sont placés, il n'en est pas moins certain que des sauvages, jusqu'ici insoumis et qui le seront probablement longtemps encore, en sont, la plupart du temps, les véritables maîtres, depuis la Patagonie où leurs terres vont d'une mer à l'autre, jusqu'à la Bolivie, en passant par les Pampas dont nous avons parlé ailleurs et le Grand-Chaco qui est séparé de ces dernières plaines par les monts de Cordova et de San-Luis, leurs frontières septentrionales. Il faut donc en rabattre des prétentions qu'affichent les cartes, où les divers États semblent avoir des frontières réglées et se toucher entre eux, et où s'étalent pompeusement des noms de villes, de villages et jusqu'à des routes dénommées. Tout cela se résume à quelques misérables bourgs, restes de missions abandonnées ou de fortins repris par les sauvages et détruits, qu'entourent quelques grossières huttes et que rejoignent entre eux, non des routes, mais des ornières tracées par le passage de quelques charrois primitifs.

Ceci dit d'une facon générale, pour toute la zone qui échappe à la domination de l'Hispano-Américain, revenons au Grand-Chaco. Pour ne pas être occupée par les blancs, cette terre n'en est pas moins hautement pittoresque. Empruntant à sa situation voisine du tropique la végétation spéciale à ce climat, le Grand-Chaco est destiné par la nature un peu comme les beaux parcs exotiques que l'industrie de l'architecture des jardins a multipliés, ces dernières années, dans l'Europe occidentale. Seulement il leur ressemble comme la beauté au fard, comme l'immensité à la mesquine création de la main de l'homme. Des palmiers qu'on trouve dans toute la contrée, mais principalement dans la partie septentrionale plus voisine de la zone torride, forment avec quelques autres essences les arbres principaux de la région. Ils sont semés artistement à travers des plaines herbagères ou marécageuses, par bouquets ou par individus. On les voit, d'autre part, entrelacés de lianes et formant des forêts véritables. La nature est à la fois verdoyante et chaude, les horizons sont infinis, quoique toujours multipliés par les accidents du paysage, et, pour qu'il n'y ait pas à ce tableau la monotonie de la grâce, certaines parties plus arides, sortes d'oasis d'un autre genre, portent, sur leur sol, les cactus, les mimosas et les sensitives, qui rappellent l'état sauvage de la nature, joints à des mornes au petit pied, rochers monolithes qui servent comme de point de mire au milieu des paysages.

Telle est à peu près et rapidement la ravissante contrée que se disputent quatre États de l'Amérique du Sud, l'empire du Brésil, le Paraguay, la République Argentine et la Bolivie. Hâtons-nous de répéter qu'il s'agit entre eux d'une revendication chimérique, basée simplement sur le prétendu partage fait autrefois de cette terre entre les Portugais et les Espagnols. En fait, aucun des colons des pays susdits n'oserait pénétrer dans le Grand-Chaco, dont le sauvage reste bien et dûment le maître.

La race indienne qui habite cette belle création de la nature est composée d'hommes grands, minces, bien faits, aux traits agréables quoique un peu durs. Leurs yeux sont très-noirs et très-brillants, leur nez aquilin ; leur peau est brune, mais ne dépasse pas comme ton celle du mulâtre ; il y a mieux : bien des Espagnols, bien des Portugais, fiers d'appartenir à la race caucasique, sont plus foncés en brun que l'Indien du Grand-Chaco. Celui-ci d'ailleurs ne se tatoue pas et ne s'applique même pas cette teinture si laide qui est en honneur chez la plupart des Indiens de l'Amérique. Cette heureuse règle d'ailleurs n'est pas toutefois sans exception. La population étant divisée en un grand nombre de peuplades qui n'ont pas, souvent, les mêmes coutumes, et qui sont fréquemment en guerre entre elles, on conçoit que l'usage du badigeon et du tatouage, repoussé par la plupart, sauf bien entendu dans le cas de guerre, où ils s'en servent pour effrayer l'ennemi, soit adopté par quelques-uns des Indiens du Grand-Chaco. Ils ont d'ailleurs sous la main toutes les facilités voulues pour le faire ; car les bois dont on tire la teinture sont fréquents dans ces parages, notamment l'indigotier, dont ils savent tirer la teinture et l'appliquer à leurs tissus. La cochenille y abonde aussi. On voit que les moyens d'exécution ne leur manquent pas.

Ceux donc d'entre les Indiens du Grand-Chaco qui se tatouent et se peignent encore sont l'exception, avons-nous dit. Encore les femmes, seules, gardent-elles l'usage du tatouage qui est long et douloureux, car il ne faut pas moins de plusieurs jours pour l'exécuter, et l'enflure que cause l'opération dure parfois longtemps. Dans ce cas, il s'agit de lignes pointillées d'indigo qui passent, se croisent et s'enroulent sur leur visage, leurs seins et leurs bras.

Quant à la majorité des habitants de la terre du Chaco, qui a renoncé aux barbares procédés de teinture et de déformation du visage, elle semble avoir horreur de tout maquillage ; car, contrairement aux coutumes de la plupart des peuplades sauvages, elle se garde bien de teindre en couleur les cheveux qui sont naturellement d'un noir absolu. On se contente seulement de raser le front très-haut avec le coupant d'un coquillage, ou même de dégarnir tout le bas de la tête, ne laissant qu'un rond touffu au sommet. Le même usage est d'ailleurs partagé par nombre d'Indiens de l'Amérique du Nord, notamment les Osages; mais chez ces peuples la partie chevelue est plus restreinte comme largeur et se change en une simple mèche. Avec cette singulière coiffure qui a, à première vue, quelque chose de monastique, l'Indien du Grand-Chaco épile avec soin ou rase les quelques poils follets qui pourraient paraître sur son visage, naturellement imberbe; il fait plus : dans son horreur du système pileux, il s'arrache, un par un, les poils de ses sourcils et de ses cils, ayant la prétention de donner, par cette opération, une plus grande acuïté à sa vue et se moquant hautement des Européens ou des colons qui n'imitent pas cette mode. Il prétend que nous ressemblons ainsi aux autruches, dont une espèce, le nandou, habite son territoire et qui seules, en effet, entre les oiseaux, ont les paupières garnies de cils.

La toilette des Indiens du Grand-Chaco est des plus simples; ils fuient la recherche d'ornements et le bariolage que recherchent tant d'ordinaire les sauvages. Les pieds et la tête restent nus. Ils ne se déforment pas le visage, comme tant d'autres, par des pendeloques aux joues, à la bouche ou aux narines. Les oreilles, seules, sont percées et supportent des pendentifs. Les femmes, surtout, y attachent volontiers des feuilles de palmier contournées avec art qui leur tombent jusque sur le cou; elles semblent d'ailleurs avoir gardé, d'une façon générale, beaucoup plus que l'homme, le goût pour les ornements barbares que celui ci a tendance à rejeter.

Quant au vêtement, c'est la nudité presque absolue, à une écharpe de coton ou de laine voyante et bigarrée près, qu'ils enroulent autour de leur taille en manière de pagne. Les femmes sont à peine plus couvertes, mais l'un et l'autre sexe, malgré la simplicité de ce costume, n'offrent rien à l'œil d'indécent ni de disgracieux, tant la beauté plastique, l'harmonie des formes jointes à la vigueur du ton de la peau, les font ressembler aux statues de bronze clair de la forme la plus pure.

Veulent-ils se couvrir davantage, quoique le froid soit presque inconnu chez eux, une dépouille de jaguar ou de loutre d'Amérique deviendra leur manteau.

L'Indien Chaco est nomade; sa demeure est composée de quelques nattes de jonc qu'il dresse pour former une sorte de tente. Encore ne la monte-t-il que quand il craint les pluies. Sans elles, il se contenterait, sans doute, de sa couchette ordinaire, un hamac accroché à deux arbres. Les femmes y ajoutent une sorte de parasol de plumes d'autruche qui les garde contre les rayons du soleil trop ardent et qu'elles emploient aussi à la promenade.

C'est de la chasse que vivent en grande partie nos Indiens, et c'est elle qui les oblige à changer ainsi perpétuellement leur demeure ; mais ils ont, à le faire, une facilité toute spéciale, car ils sont écuyers au plus haut point, et d'une façon qui leur est toute spéciale. Dédaignant les selles, les housses et même tous les harnachements de tète avec leur clinquant et leurs ornements métalliques, bien différents en cela des colons américains et de beaucoup d'autres sauvages, nos Indiens du Grand-Chaco, à demi nus eux-mêmes, montent des chevaux nus, qu'une lanière de cuir passée dans la mâchoire inférieure suffit à diriger, et sur le dos desquels c'est à peine s'ils jetteront, sans sangle, sans étriers, un morceau de peau tachetée du tigre d'Amérique qui leur tiendra lieu de selle. Ainsi équipés, ils vont au galop, passant habilement à travers les lianes et les broussailles, et imitant dans leur course endiablée le vol circulaire de l'oiseau de proie, tantôt en selle et tantôt sautant d'un bond, sans ralentir leur allure, debout sur le cheval, pour mieux découvrir le cerf et l'autruche-nandou, leurs deux gibiers de plaine. Parfois il est d'autres chasses; entre-t-il dans la forêt, l'Indien y trouve le singe, un de ses aliments ordinaires; suit-il une rivière, tandis que dans l'eau il pourra chasser la loutre ou prendre à la surface les canards et les oies sauvages, il trouvera encore sur ses bords le cabiai, rongeur presque amphibie dont la chair est fort bonne, et le tapir dont la venaison, quoique laissant bien autrement à désirer que celle du cabiai, est néanmoins mangée pieusement par l'Indien qui croit se communiquer, par là même, la force de l'aninal dont il consomme la chair. Il en est de même de la viande du couguar et de celle du jaguar, dont le sauvage chaco opère la chasse dans les côtés arides des plaines et dont la chair est partagée, suivant une sorte de rite, entre tous les membres d'une tribu. Enfin, pendant que dans la plaine notre chasseur pourra encore poursuivre la perdrix, le nandou, et prendre dans son terrier la viscache, il aura encore le pécari qui servira à sa nourriture, s'il va le chercher au milieu des parties humides et marécageuses du Grand-Chaco.

Comme notre Indien est cavalier en même temps que chasseur, on comprend, du reste, qu'il chasse le plus souvent possible à cheval; c'est ainsi qu'il poursuit à courre le nandou et le cerf qu'il sert, une fois forcés, d'un coup de lance. C'est aussi avec la lance et la flèche qu'il atteint la plupart des autres gibiers, même le gibier d'eau. Parfois il se sert des bolas, sorte de lasso terminé par deux boules, qui s'emmêle au cou de la proie sur laquelle on le lance.

Dans ces diverses chasses, nos cavaliers indiens sont aidés par des chiens d'un flair excellent, de petite taille, et qui forment une espèce à part, probablement dérivée de quelqu'une de nos espèces européennes. Cette race de chiens, qui a pullulé d'une façon considérable, vit des reliefs des tables et se creuse elle-même des terriers pour son habitation. Les Indiens Chacos sont constamment entourés d'une véritable meute de ces précieux auxiliaires, qui, dans les chasses, savent parfaitement forcer le gibier le plus dangereux, quoique leurs maîtres, pleins d'attentions, préfèrent tuer à la lance le pécari, le jaguar et le fourmilier, dès qu'ils sont forcés, plutôt que de voir leurs chiens se livrer contre eux à un hallali souvent dangereux.

Avec ces ressources, on comprend que l'Indien ne saurait être embarrassé pour sa subsistance, d'autant plus qu'il a toujours avec lui quelques bestiaux, bœufs et moutons pris aux Hispano-Américains dans les expéditions qu'il ne redoute pas d'entreprendre contre eux et dont nous parlerons tout à l'heure. A côté de ces aliments animaux, qu'il mange en quelque sorte sans aucun assaisonnement, il trouve encore dans ce pays béni du Grand-Chaco, où les fleurs et les fruits abondent, et les noix de palmier et les fruits des forêts, et les ananas et les mimosas dont la semence, en forme de gousse, recueillie par lui et mêlée au miel, forme une liqueur capiteuse, dont il est vrai qu'heureusement pour lui il n'abuse pas, ou bien, pétrie avec soin, devient une sorte de pain qu'il mange avec ses aliments.

Quant au miel, il est en grande abondance dans la contrée et produit par une sorte d'abeille privée de dard. Les Espagnols font le plus grand cas de cette denrée, qu'ils achèteraient très-cher, si l'Indien consentait à en faire commerce, ce qui est très-rare. Une de ces abeilles entre autres, l'abeille *tosimi*, produit un miel particulièrement recherché. Grâce à la grande finesse de vue que, prétend-il, le Chaco doit à l'opération de l'ablation des cils, il suit dans sa course l'abeille et se fait mener par elle jusqu'à sa ruche, qu'elle soit dans la terre, sur une branche d'arbre, dans quelque tronc abandonné ou même, comme l'est celle de l'abeille *tosimi*, au fond du dédale des feuilles piquantes d'un cactus.

Malgré toutes ces ressources, malgré les facilités de vie que lui donne une terre enchanteresse, le sauvage du Grand-Chaco est, avec cela, pillard et prêt à la guerre. En paix avec le Brésil, l'Intercorrientes-Rivos et le Paraguay, il réserve les fureurs de ses maraudes et de ses pillages pour les Hispano-Américains du sud et de l'ouest. Peut-être, et là trouvera-t-on une circonstance atténuante, existe-t-il, au fond de ce goût pour les razzias, une haine invétérée pour les blancs, usurpateurs du sol, qui se sont souillés, au temps des Almagro et des Pizarre, de tant de cruautés inutiles sur ces peuplades opprimées; la preuve qu'on pourrait donner de leur éloignement naturel pour la rapine en elle-même, c'est qu'ils n'opèrent leurs razzias que contre leurs ennemis et qu'ils se montrent humains, voire même charitables envers les prisonniers, dont les femmes et les enfants arrivent même à faire, en quelque sorte, partie de leur famille.

Quoiqu'il en soit, quand nos indiens méditent quelque expédition, presque toujours contre Cordova ou San-Luis, ils plient leurs tentes, emmènent leur famille tout entière et s'arment en guerre. Leurs armes se composent d'une immense massue à deux extrémités, nommée *macana*, qu'ils tirent du gaïac et qu'ils font manœuvrer en la tenant par le milieu plus mince, de l'arc, des flèches, du lasso et des bolas, qui, d'ailleurs plus rares que les autres armes, s'emploient plutôt à la chasse qu'à la guerre; enfin de la lance qu'ils portent très-grande, car elle n'atteint pas sans le fer moins de quatre à cinq mètres de longueur. L'Indien Chaco s'en sert d'ailleurs, malgré son immense volume, avec une dextérité toute particulière. Elle lui sert, entre autres choses, à se mettre en selle, ce qui lui semble assez difficile à première vue puisqu'il n'a ni selle ni étrier, et qu'il dédaigne d'empoigner une touffe de la crinière. Il se contente donc de se mettre au montoir, qui, pour lui, est à droite au contraire de notre usage, et, appuyant sa main sur la lance un peu au-dessus de sa tête, de se lancer ainsi, d'un bond, sur le coursier qui comprend et prend immédiatement le galop.

On va donc ainsi en avant vers l'ennemi. Trouve-t-on un cours d'eau à traverser, les hommes se jettent à la nage, tenant, d'une main, la bride de leurs chevaux qu'ils tirent après eux, et, de l'autre, élevant leurs lances auxquelles ont été fixés les objets qui craignent l'humidité. Des sortes de petits coffres, faits en forme de chaloupe avec le cuir des bestiaux, contiennent, avec les marmots et les petits chiens, qui ne sauraient nager, les instruments d'utilité. Ces boîtes, attachées à la queue d'un cheval, transportent ainsi, sous la surveillance des pères, le foyer domestique. Parfois même on voit les nageurs les tirer par une corde qu'ils tiennent entre leurs dents tout en nageant.

Si l'Indien du Grand-Chaco a affaire à des blancs, il sait tout le danger des armes à feu, et sait en même temps que d'inutiles objets de défense, en le protégeant mal, ne pourraient que nuire à ses mouvements; aussi ne prend-il ni casque, ni bouclier, ni cuirasse. Il ne se charge alors que d'une seule arme, mais terrible : c'est un arc. Cet arc est tellement fort qu'il faut que l'Indien se couche sur le dos pour arriver à l'armer avec ses pieds. Ce n'est à coup sûr pas là une arme de précision, mais elle porte loin et le stratagème auquel se livre l'Indien la rendra plus dangereuse que bien des armes plus exactes. En effet, il mettra au bout de la flèche un petit tampon de coton enflammé, et, pour peu que celle-ci aille tomber sur quelque toit bien sec, de paille ou de bois, l'incendie est allumé, l'ennemi est vaincu par la crainte et quitte en fuyant le village, abandonnant aux mains des pillards indiens un butin considérable qu'ils prennent tout entier, quittes à garder tout ce qui leur est personnellement utile et, plus tard, à revendre aux colons espagnols du Paraguay ou de l'Intercorrientes-Rivos les bijoux, les objets de luxe, les meubles dont l'usage leur est inconnu, ou qui ne sauraient leur servir dans leur vie toute primitive. Ils sont favorisés en cela par le coupable manque de conscience des peuples prétendus civilisés de ces pays, qui ne craignent pas de recéler ainsi et de vendre avec bénéfice le produit des rapines exercées sur leurs frères de l'ouest et du sud, et qu'ils revendent en Bolivie ou au Brésil.

Quand ils sont en guerre avec d'autres Indiens, les sauvages chacos se font un attirail moins simple que pour leurs expéditions vers San-Luis ou Cordova. Alors, outre le badigeon complet et les dessins terrifiants dont ils se chargent le corps et la figure, ils se mettent une sorte de justaucorps fait d'une peau de puma ou de jaguar, et, sur cette cotte de maille improvisée, portent un casque et une armure complète, faite en plusieurs parties de la peau résistante et épaisse du tapir.

Le genre de vie perpétuellement actif que mène l'Indien Chaco est favorable à sa santé, et la durée de sa vie en est augmentée. Chez ces peuples, si l'on en croit un commentateur, le moine Dobrezhoffer, d'origine styrienne, les hommes atteignent l'âge de quatre-vingts ans sans perdre leur force. Il va jusqu'à dire, sans doute en exagérant un peu une disposition vraie, que l'on voit communément des hommes de cent ans et que ceux de cent vingt, en bonne santé, sont loin d'être une exception. Il ne faut prendre qu'avec beaucoup de réserve ces on dit dont le fond est, sans doute, pourtant vrai, puisque, dans tout le sud de l'Amérique, on a fini par citer la longévité des Indiens du Grand Chaco comme un proverbe.

XII

LES TURCOMANS.

Qui sont les Turcomans? d'où sortent-ils? La question est difficile à résoudre ; mais ce qu'on peut dire hardiment, c'est qu'en dépit de leur apparence presque civilisée, malgré le luxe de leurs habits, ces peuples sont encore tout à fait sauvages.

Si, en effet, dans chacune des parties du monde, on rencontre des tribus habituées à la vie errante ; si l'Europe même en contient encore en Pologne, en Russie ; si en Afrique on les voit en nombre, principalement au-delà de l'équateur, l'Asie semble être la terre prédestinée des invasions et du séjour des peuples erratiques.

Après Gengis-Khan emmenant les Tartares à sa suite, après Tamerlan conduisant les Mongols à travers l'Asie, sont venus dans l'histoire les Turcs, nomades à cette époque, mais qui depuis ont su se fixer.

Cette tendance à la vie irrégulière, qui est expliquée par la nature du sol asiatique, a pour effet naturel de produire une population errante, plus considérable peut-être que la population fixe. En effet, on peut dire qu'à part l'Indoustan et la Chine, au moins dans leurs régions riches, à part quelques parties fertiles de l'Arabie, de la Turquie d'Asie et de la Perse, le reste de l'Asie est peuplé de nomades.

Les villes de Kiva, de Boukhara, de Balk et de Yarkand sont à peu près des villes. Dans ces oasis de civilisation commerciale, on trouve toujours la plaine où les tribus pastorales plantent leurs tentes.

Deux causes se réunissent donc pour réduire des peuples à cet état, si ordinaire en Asie. Le sol d'abord peu clément, dépourvu d'eau, sans verdure et dont le laboureur ne saurait rien tirer ; le caractère ensuite, car cette vie errante est merveilleusement douce, pour les indolents ou les indisciplinés qui se refusent à toute règle sociale. Cette distinction entre ces deux caractères, portés l'un comme l'autre à la vie pastorale et nomade, établit entre ces peuples vagabonds, d'importantes différences de mœurs. Les plus connus d'entre eux, les Mongols, les Kalmoucks, les Tartares, les Turcomans, les Usbecks, les Kirghis, ne se ressemblent point physiquement et moralement. Certains ont eu jadis les mœurs douces des anciens hébreux, et sont très-hospitaliers. D'autres, au contraire, ont le caractère farouche et se montrent disposés à la cruauté et au vol. De ce nombre sont, tout particulièrement, les Turcomans que l'on ne sait trop, comme nous l'avons déjà dit, à quelle race on peut les assimiler. Ils ont beaucoup de traits communs avec les Tartares dont certains historiens veulent qu'ils descendent, tandis que d'autres les font remonter aux Usbecks et aux Mongols. On remarque chez eux, comme dans la première de ces trois races, les yeux allongés et non point en ligne courbe, les pommettes des joues saillantes et le nez aplati. Un fait particulier à mentionner, c'est que ces signes caractéristiques sont plus encore distincts chez les femmes; les hommes ont assez souvent les traits fort réguliers, et offrent plus d'analogie avec le type persan. Du reste, une seule chose domine, c'est la couleur basanée du teint, quoiqu'il y ait des degrés dans les différentes teintes; quant aux traits, ils varient suivant les individus.

Il serait difficile, pour ne pas dire impossible, d'indiquer le pays qu'habitent les Turcomans, ou même de leur assigner des frontières. Leur centre principal, la vraie Turcomanie, est comprise entre la mer Caspienne et l'*Oxus* des anciens, appelé aujourd'hui Amon. Au-delà de cette rivière ils s'étendent encore, et leur race ne se bornant même pas à envahir le Turkestan, qu'on trouve indiqué sur les cartes, et dont le territoire est beaucoup plus grand que la Turcomanie proprement dite, on les rencontre par hordes en Arménie, et dans toute la partie du nord de la Perse.

On pense bien qu'eu égard à cette vie errante, les Turcomans ne connaissent pas de villages; leur habitation, pour n'être pas une maison, n'en est pas moins une tente. On pourrait, avec plus de raisons, l'appeler un kiosque portatif. Ils ont, en effet, emprunté la façon de construire leurs murailles à un ingénieux jouet bien connu et composé d'un treillis de bois, maintenu par des chevilles, sur lequel les enfants ont coutume de placer des soldats de plomb ou de bois qui se mettent en rangs par files, ou en carré quand on fait jouer les deux extrémités du treillis. Seulement, le treillage qui sert aux Turcomans, est lié à la rencontre de chaque traverse par une languette de cuir. L'ensemble de cette bizarre architecture se replie donc en tenant peu de place, ou bien quand on le dévoloppe, peut entourer un espace de quinze à dix-huit mètres de circonférence. Sur les grands bâtons qui terminent le treillage par le haut et qu'on réunit en faisant jouer cette sorte de charpente mobile, le tout s'appuie sur un cercle qui consolide l'ouvrage, et est recouvert d'un feutre noir appelé *numud*, lequel est formé du poil des chameaux. Enfin, pour obtenir plus de solidité, un second treillage perpendiculaire est encore placé au-dessus du *numud*. L'ouverture circulaire, qui a été ménagée au centre de la tente, sert à la fois de fenêtre et de tuyau de cheminée. En cas de froid ou de pluie, un morceau de *numud* vient fermer cet orifice.

Dans les habitations plus riches, cette entrée est toujours couverte en partie seulement. La couverture forme une sorte de fer à cheval. La partie couverte est réservée aux personnages importants; des coussins sont disposés à leur intention. L'autre partie, au contraire, contient la cheminée, ou plutôt le réchaud, et c'est là que se tiennent les serviteurs et ceux qui ne veulent pas se déchausser.

Les Turcomans riches dressent des tentes à part pour leurs femmes; mais, dans bien des cas, on se contente de faire des cloisons en roseaux, qui forment pour elles, dans la tente ordinaire, une sorte de chambre à part. De tous les côtés les ustensiles de ménage sont accrochés aux bâtons qui soutiennent la toiture. Ces ustensiles sont faits tantôt en métal, ou simplement en bois, ou en terre. Les armes de toutes sortes, dont les Turcomans sont fort amateurs, et de grandes poches en velours, qui contiennent tout ce que les Européens mettraient dans les armoires de leurs logements, sont également appendues à ces parois. Malgré les inconvénients d'une habitation aussi modeste, les Turcomans n'en sacrifient pas moins à la coquetterie de la toilette. Les femmes portent les cheveux divisés en quatre nattes dont deux retombent derrière la tête, et deux par devant sur les épaules. Suivant leur richesse et leur position, elles se couvrent les bras et les mains de joyaux nombreux et plus ou moins précieux, en métal d'or et sortes de pierreries, voire même de plus modestes ornements. Un édifice monumental est posé sur leur tête ; lequel a quelque analogie avec les larges *schapskas* du commencement du siècle. Qu'on s'imagine une carcasse en bois à fond carré et recouverte d'étoffe. Les femmes placent cette parure en arrière de la tête et la recouvrent d'un voile de soie de couleur voyante, avec les bouts duquel elles se cachent le bas du visage, et dont elles se couvrent la poitrine. Sur le devant de ce chapeau étrange, elles attachent toutes sortes d'ornements et de bijoux, grelots, sonnettes, pendents ou glands de métal, chaînes, piécettes de monnaie; les coquettes ne semblent se préoccuper que de la quantité, et non point de la beauté. Il va sans dire que les femmes moins riches, ne pouvant se donner cette brillante parure, se contentent de draper sur sur leur tête une pièce d'étoffe quelconque, qui leur sert de voile comme aux femmes riches, pour cacher leur bouche et leur cou.

Un pantalon large, bien souvent une chemise pareille au pantalon, tels sont les vêtements de dessous. Une large tunique de soie et boutonnée depuis le menton jusqu'à la poitrine, où elle s'entr'ouvre, vient tomber jusqu'aux pieds et cacher le pantalon. Les pieds sont chaussés de babouches de cuir à la mode persanne. En hiver, les femmes passent par-dessus la tunique, une sorte de pelisse appelée *joubla* en étoffe de soie et coton à rayures, et dont les manches, très-larges, viennent se rattacher au poignet. Ce vêtement se croise sur la poitrine.

Les hommes, à part les classes trop pauvres, qui se contentent d'une sorte de caban en poil de chameau, ou d'un pantalon de laine, qui se complète par une chemise de même étoffe, portent généralement une sorte de pourpoint appelé *baronni*, en soie et coton de couleur voyante, rayée ou marquée de dispositions gracieuses. Ce vêtement, qui tombe plus bas que les genoux, se boutonne sur le torse et reste ouvert plus bas, laissant voir une large culotte ; une ceinture en soie de couleur vient trancher en une autre nuance sur le *baronni*.

Chaussés de babouches auxquelles ils ajoutent une bande de toile qui s'enroule autour de la jambe et remplace la guêtre, les hommes Turcomans complètent leur costume par une sorte de pardessus en laine semblable, sauf la matière, à celui que nous avons décrit pour les femmes. Seulement les hommes quittent peu cet ajustement, que les femmes n'emploient que par les temps rigoureux. La coiffure du Turcoman est un cône tronqué en fourrure d'Astrakan, noire, grise, ou même teinte en rouge.

On voit que, pour la toilette, au moins, le Turcoman n'est pas un barbare. Il n'en est pas malheureusement ainsi pour ce qui a trait à ses mœurs et à ses goûts.

Le camp de la tribu est installé aux endroits où l'on trouve de l'herbe pour les bestiaux. On dresse alors chaque tente, de façon à former une rue, ou quelquefois un carré, dont les portes sont tournées les unes vers les autres. Quelques barrières s'élèvent autour des cahutes les plus riches. Elles servent à garantir les bestiaux contre les attaques des animaux de rapine. Mais quelques jours après, quand l'herbe a été tondue par le bétail, il faut repartir et chercher un nouveau campement. Cette continuelle préoccupation suffirait presque à absorber les Turcomans, y compris les soins du ménage qui sont nombreux. Il leur faut en effet tenir les armes en bon état, soigner les bêtes, faire le beurre et le lait caillé dont ils sont friands, et qui devient de plus le principe d'une préparation curieuse à mentionner. On remarque souvent sur les tentes de grosses pelotes de lait caillé que ces nomades laissent durcir, et dont ils cassent à volonté des morceaux qu'ils délayent dans l'eau pour en faire une boisson rafraîchissante. Ils les font aussi fermenter pour en tirer le *koumis*, sorte de boisson qui fait leurs délices.

A ces occupations diverses, il faut surtout ajouter le soin qu'exige l'éducation et le dressage des chevaux, qui sont la richesse la plus importante des Turcomans; car ces animaux les aident surtout dans leurs goûts inconsidérés pour le pillage.

Aussi, pendant que les femmes tissent le *numud*, tandis qu'elles tressent les nattes ou perfectionnent les habits avec les étoffes achetées au-dehors, sans oublier les parures et les bijoux, les hommes s'occupent-ils d'entraîner leurs chevaux d'une façon toute particulière.

La race des chevaux turcomans se prête d'ailleurs fort bien à ces entraînements. Si ces animaux ne sont pas aussi élégants que ceux de la race arabe, dont ils ont dans l'Asie orientale la célébrité, ils ont, peut-être, plus de fond encore. L'éducation suffit pour le reste. Le cheval turcoman est de la taille des chevaux anglais, mais son corps est moins gracieux, eu égard à la maigreur de ses jambes, qui paraissent trop longues ; la forme est grêle et le cou trop faible en apparence pour soutenir une tête qui semble être massive. Ces défauts de conformation, pareils à ceux de nos chevaux de course, sont plutôt apparents que réels. L'embonpoint les ferait disparaître, si on laissait ces animaux s'engraisser; mais quand ils sont à l'écurie, le peu de graisse qu'ils possèdent s'en va par la sueur; car on les recouvre d'épaisses couvertures, tandis que dans la journée un travail pénible et une nourriture qui diminue tous les jours, pendant les dix jours qui précèdent chaque expédition, finissent par exercer leurs muscles à supporter toute fatigue. C'est ainsi qu'un cheval turcoman en arrive à pouvoir fournir jusqu'à quarante lieues dans la même journée, et à galopper, d'une seule traite, pendant quinze ou vingt lieues. Une autre partie du dressage de ces bonnes bêtes les habitue à être au fond très-dociles tout en ayant l'air de chevaux indomptés. Ils lancent à l'ennemi de dangereuses ruades ou bien le mordent à belles dents pendant le combat. Aussi le cheval est-il assez souvent méchant, et son maître lui-même a-t-il parfois de la peine à le maîtriser. Les Turcomans ont encore une race de poneys, forts et trapus, bien moins chers que les bêtes de sang, et qui rendent des services analogues. Ces poneys sont pourtant plus nombreux que les chevaux.

Les autres animaux domestiques des Turcomans, consistent encore en bêtes de somme, en bétail et en chiens. Les premières sont presque exclusivement des chameaux à deux bosses, forts et patients, des dromadaires, à une seule bosse, plus rapides, mais ne portant pas d'aussi lourdes charges que les chameaux, et enfin des métis de ces deux races, aux jambes plus courtes, plus rablés et plus forts que les deux animaux dont-ils sont issus et couverts sur tout le corps d'un poil touffu. La couleur de leur robe est indécise; elle varie du gris au brun, et quelquefois au noir.

Quelque affreuse que soit la tournure de ce chameau métis, cet animal a l'avantage de pouvoir porter des charges qui vont jusqu'à mille livres.

Le bétail se compose de bœufs et de vaches auxquelles on peut ajouter de nombreux moutons, qui offrent une particularité très-curieuse. Faits pour vivre dans des pâturages éloignés les uns des autres, et pour subir des jeûnes qui durent quelquefois plusieurs jours, ces bonnes bêtes sont pourvues d'une queue énorme, sorte de magasin dans lequel la nourriture des jours heureux s'amoncèle, sous forme de graisse, qui les nourrira aux moments de jeûne. Ces moutons sont gardés par des chiens, précieux auxiliaires des peuples barbares, dont ils défendent aussi les tentes. Plusieurs races de chiens de chasse, à poil ras, et de lévriers à robes soyeuses, pouvant prendre tous seuls à la course, la gazelle et le lièvre, complètent la ménagerie turcomane. Il y a aussi un remarquable faucon, appelé *gourk*, originaire de Perse, qui est dressé à sauter sur la tête du grand gibier à poil, tel que l'âne sauvage ou l'antilope, et qui, enfonçant ses griffes terribles entre les yeux de l'animal, l'aveugle par des battements d'ailes, jusqu'à ce qu'il ait succombé sous les flèches du chasseur. Grâce à ce précieux oiseau de venerie, les Turcomans se rendent maîtres du sanglier même, mais leurs flèches seraient impuissantes sur la peau rugueuse et velue de l'animal; ils leur faut alors employer d'autres armes, et c'est le cheval qui sert de monture au chasseur qui se charge, par une ruade mortelle, de coucher à terre le fauve qui se débat, contre les attaques des chiens et du gourk.

Mais cette chasse pâlit encore devant les expéditions de guerre des Turcomans. Deux sentiments guident ces nomades dans ces campagnes : l'amour du pillage qui leur donnera de l'or, des troupeaux et des objets de luxe, des armes étincelantes ou des bijoux qu'ils convoitent, puis un véritable instinct d'hostilité contre certaines races, ses voisines.

L'organisation politique des Turcomans est très-simple, et telle que celle de la plupart des races pastorales ; celle des Bédouins entre autres. Quelques familles peu nombreuses, et en général apparentées entre elles, constituent une tribu dont le commandement est dévolu à un patriarche mahométan ; ils appartiennent à la secte la plus farouche de leur religion, la secte *sunite*, aussi ont-ils contre les Persans qui sont chiites, une véritable haine religieuse. Cette haine, jointe au sentiment de convoitise qu'ils éprouvent, pour les pays persans, et surtout pour le Korassan, où le sol est plus riche, l'habitant sans défense et à travers lequel passent à chaque instant les caravanes qui vont de Teheran vers l'Arabie et surtout vers le Béloutchistan; toutes ces choses poussent toujours, ou presque toujours les invasions turcomanes de ce côté.

Leurs expéditions d'ailleurs ne sont pas des attaques, mais elles ressemblent plutôt au vol d'une bande d'oiseaux de proie. Sur leur passage, les habitants se renferment chez eux, et se sauvent en emportant tout ce qu'ils ont le temps de sauver. Ce qui a échappé, hommes, femmes, bestiaux, butin de toute sorte est recueilli par les pillards.

Il est bien rare que ces bandits se risquent a attaquer un fort ou une place, et, s'ils le font, c'est qu'il y a quelque beau coup à faire, et que l'impunité leur paraît certaine; car ils sont loin d'être braves. Après avoir tué sans quartier tous ceux qui ont tenté la résistance, ces vautours humains, attachent à la queue de leurs chevaux, par le cou, leurs prisonniers qui doivent, sous peine de tomber et d'être mis en lambeaux par les rochers, les cailloux et les buissons des routes, suivre l'allure des chevaux turcomans. Ceux-ci s'arrêtent-ils quand vient la nuit, ils déposent simplement un de ces feutres de poil de chameau dont nous avons parlé plus haut, sur le tas des prisonniers, et un Torcoman s'asseoit sur chaque bout de cette prison improvisée, pour garrotter les malheureux qui n'osent ni se défendre, ni se révolter.

Puis, ces mêmes prisonniers, quand les ravisseurs sont arrivés à leur campement, sont échangés au marché de la ville la plus voisine, contre quelque objet désiré : arme, vêtement, ou bête de somme, et vont grossir la population d'une terre d'exil, tellement peuplée d'esclaves, qu'on affirme que, dans le khanat de Khiva, cent cinquante mille serfs de cette sorte, ont été livrés par les Turcomans au Khan, et forment plus de la moitié des sujets.

XIII

LES OTTOMACS MANGEURS DE TERRE.

Sur les rives de l'Orénoque, à peu de distance de l'endroit où ce puissant cours d'eau se déroule dans la direction de l'est, le voyageur rencontre une tribu de sauvages dont les mœurs particulières sont réellement très-remarquables.

Ce peuple, c'est la nation des Ottomacs.

Depuis longtemps les Ottomacs, comme l'ont raconté les missionnaires espagnols qui les premiers se sont introduits dans le pays, se distinguaient des autres peuplades par des habitudes bizarres. C'est en vain que ces civilisateurs religieux s'efforcèrent de les retenir près de leur mission ; ils ne réussirent que momentanément et, à l'heure actuelle, les Ottomacs sont aussi sauvages et aussi peu aptes à comprendre les bienfaits de la civilisation qu'ils l'étaient au temps de Colomb.

Les Ottomacs ne sont ni rabougris ni faibles de corps, comme on pourrait le croire. Leur taille est grande, leur force énorme, mais l'aspect de ces gens-là est maladif et leur regard sombre et méchant.

Rien n'est plus facile que la description de leur costumes, car les Ottomacs ne portent aucun vêtement. Les deux sexes sont complétement nus, sauf cependant vers le milieu du corps qu'ils cachent, avec une ceinture de cotonnade ou d'étoffe faite avec des feuilles, — ce qu'ils appellent le *guayaco*, — et encore ce vêtement primitif n'est-il pas porté pour cause de modestie.

Ce qui constitue véritablement leur costume, c'est une couche de peinture qu'ils dispo ent sur leur corps avec autant de soin que le ferait un dandy parisien pour l'ajustement de sa cravate.

Un Ottomac passe souvent toute une journée à sa toilette, aidé dans cette opération par deux amis. Nous ferons seulement observer qu'il ne sagit pas ici du tatouage, lequel dure éternellement, mais d'une simple couche que la plus petite pluie emportera comme un peu de poussière. Les couleurs employées par les Ottomacs sont rares et il leur faut souvent travailler plusieurs jours, afin de se procurer les ingrédients nécessaires à se peindre pour une seule fois. Aussi ces peuples ne procèdent-ils à cette toilette que dans les grandes occasions. Les jours ordinaires, ils se contentent d'un simple maquillage sur la figure et dans les cheveux.

Pour se parer complétement, un Ottomac commence d'abord par se recouvrir d'une couche de rouge au moyen de la teinture *annotto*, produit du fruit nommé

Bixa orellana, substance fort connue des Indiens avant même la venue des Européens dans leur pays. Sur cette couche ils étendent des lignes de peinture noire, et au centre de la poitrine ils tracent un rond en forme de diamant. Cette teinture noire est le *caruto*, substance également végétale du *Genipa americana*. Mieux encore, si l'Ottomac coquet peut s'être procuré du vermillon *chica*, produit du *Begonia*, il sera au comble du bonheur, car il complétera alors sa toilette et n'aura plus qu'à oindre ses cheveux tressés avec de l'huile de tortue. Par malheur, le *chica* coûte des sommes énormes dans l'Amérique du Sud.

Les Ottomacs se donnent moins de mal pour construire leurs habitations que pour le soin de leur embellissement corporel. Généralement ces peuplades vivent en plein air ; mais si elles veulent s'abriter contre les rayons du soleil ou les intempéries pluviales, elles élèvent une cabane de bambous recouverte de feuilles de palmiers.

Les armes des Ottomacs consistent en arcs et flèches, qu'ils manient avec une grande activité. A ces moyens de défense, ils ajoutent les harpons destinés à tuer les manatis et les alligators. Nous passerons sur les divers instruments de pêche et de chasse, car c'est à cette double passion qu'ils demandent leurs moyens d'existence.

Les Ottomacs font partie de cette race d'Indiens appelés « passants » ou « vagabonds » par les missionnaires espagnols; ce sont des bohémiens de l'espèce sauvage, qui ne vivent pas dans les forêts, mais bien dans les vastes territoires dénudés qui se trouvent le long de l'Orénoque, et où l'on rencontre les arbres qui produisent les noix du Brésil et d'autres fruits qui servent à la nourriture de ces sauvages.

Seulement ces savanes sont chaque année inondées pendant plusieurs mois, et les Ottomacs se voient alors obligés d'émigrer ailleurs. Quand ces débordements liquides ont cessé, les Indiens se procurent de nombreuses victimes de chasse ou de pêche, telles que manatis, crocodiles, tortues et dauphins, ainsi que d'autres énormes poissons très-abondants dans le fleuve Orénoque.

Le manati est cependant le préféré de tous les animaux chassés par les Ottomacs, et cela parce qu'il est plus gros que les autres et qu'il fournit plus de nourriture à ceux qui s'en emparent.

Le *manati* a été souvent décrit par les naturalistes : on le rencontre encore en bon nombre dans les grands fleuves de l'Amérique tropicale, et si les Espagnols lui ont donné le nom de « vache humaine », les Portugais l'appellent le « bœuf-poisson », deux qualifications très erronées à notre avis.

Dans les vallées de l'Amazone, les habitants nomment le manati le *juara* ; les Ottomacs, eux, disent l'*apoia*. Du reste, ce cétacée amphibie est plus ou moins différent de taille et de couleur dans les affluents où il se trouve ; mais ce n'en est pas moins toujours le même animal, dont le poids varie de quatre cents à deux mille livres. Quelquefois la couleur de la peau n'est pas la même; il y a aussi une différence dans la construction des pattes et de la queue, mais au fond la race est toujours celle du lamantin.

Le *manati* ressemble à un énorme phoque, au corps long et ovoïde, à la queue plate et large, qui lui sert de gouvernail quand il nage. Derrière les épaules, au lieu de nageoires, la nature lui a donné une paire de battoirs qui ressemblent à des mains, dénués de bras, dont l'animal se sert quand il se meut sur le sable et que les femelles emploient pour porter leurs petits. Les mamelles se trouvent placées en dessous des mains. Les lèvres supérieures de la bouche des manatis sont recouvertes de poils comme des moustaches, et leur façon de se tenir droits dans l'élément liquide les fait réellement ressembler à des sirènes. Quand il lève une de ses nageoires, comme il fait souvent, on peut prendre l'extrémité large et arrondie qui la termine pour une sorte de miroir; l'autre nageoire, dans une eau transparente, peut assez facilement donner l'idée d'un peigne; enfin, au clair de lune, la tête même a quelque analogie avec une tête humaine.

De là cette légende, propagée par les marins, des « sirènes », le miroir traditionnel à la main, peignant leur longue chevelure à la clarté douteuse du crépuscule. L'illusion devient plus forte encore quand la sirène tient ses petits dans ses bras, ou, pour être plus exact, dans ses nageoires. Mais rien n'explique la harpe que lui prête la tradition, ni la douceur de ses chants fabuleux.

Pour revenir au manati, la chair de cet amphibie

est plus estimée des Ottomacs que celle des autres poissons ou animaux. Elle a une certaine ressemblance avec celle du cochon plutôt qu'avec celle du bœuf et offre un mets savoureux, à la condition d'être mangée fraîche. Toutefois, salée et desséchée au soleil, la viande du manati se conserve longtemps et se vend comme provision de bouche dans toutes les missions de l'Amérique du Sud : les missionnaires la considèrent comme maigre et propre à être servie en carême. La peau du manati, très-épaisse, sert à fabriquer des boucliers, des cordes et des lanières pour fouets. Ces derniers, instruments de torture, sont employés pour frapper les esclaves des colons.

L'huile de manati (*mantecca de manati*) est tirée du gras du poisson-animal : l'on s'en sert pour les lampes dans les églises des missions; mais les Indiens font leur cuisine avec ce lard fondu qui n'a pas l'odeur fétide de celui des baleines et des autres cétacés.

Le manati se nourrit exclusivement d'herbes et il les trouve sur les rives des fleuves ou des mers qu'il fréquente. C'est pendant la nuit qu'il prend ses copieux repas : mais lorsqu'il n'est point dérangé, il broute également pendant la journée.

Les Ottomacs font une chasse constante à ces animaux, aussi bien que les Guaranos, autres peuples indiens vivant sur les bords de l'Orénoque, dans les parages duquel se trouvent de nombreux lacs peuplés de ces cétacés. Il y a même un courant d'eau, dans l'Amazone, appelé la *rivière du Manati*, eu égard à la quantité de ces animaux.

C'est dans la saison d'hiver que, sur les fleuves de l'Amérique du Sud, les sauvages s'emparent du manati, aux époques où les eaux d'inondation se retirent rapidement; car, dans le cas contraire, ces lamantins passent dans le grand courant et vont chercher leur nourriture sur des rivages plus favorisés, dans les lacs et les ruisseaux. C'est le moment le plus propice pour s'emparer des manatis.

Les Indiens organisent quelquefois des battues au moyen de canots rassemblés les uns près des autres, de manière à réunir les troupeaux de cétacés sur un point du rivage en formant le demi-cercle. Les moines des missions se servent aussi de l'assistance de ces Indiens, afin de chasser le manati pour leur compte : c'est aussi de cette façon qu'ils opèrent, afin de récolter les œufs de tortue. A cet effet, tout le monde se réunit sur un point donné : on dresse un campement et l'on élève des poteaux pour faire sécher les peaux et la chair des manatis.

Tous les commerçants de l'Amazone et de l'Orénoque viennent dans ces lieux pour y trafiquer de la graisse du manati et de celle des tortues. Cette foire donne lieu à des amusements qui rappellent en quelque sorte ceux de la vendange et de la moisson dans les pays de l'Europe.

La pêche ou la chasse du manati ressemble fort à celle que font les Esquimaux aux phoques de leurs contrées; c'est-à-dire que ni dans l'Orénoque ni dans les pays du Nord les traqueurs ne courent de dangers. Un canot renversé, un bain forcé, tels sont les accidents qui n'offrent aucun péril pour des nageurs aussi adroits que les Indiens et les Esquimaux, pour qui l'eau est aussi familière qu'aux poissons.

C'est à l'aide du harpon que les Ottomacs attaquent les manatis. Montés sur des bateaux taillés dans un tronc d'arbre, ils s'avancent doucement dès qu'ils aperçoivent un de ces amphibies, lancent leur dard à l'extrémité de la hampe duquel est fixée une corde, et de cette façon amènent tôt ou tard l'animal qui s'est débattu, a perdu son sang et est mort, ou du moins ne peut plus défendre sa vie. Quand la bête inoffensive est à bord du canot, un bâton passé entre les deux narines achève de lui faire perdre la vie, dans le cas où elle « gigoterait » encore.

On se demande comment il est possible à un seul homme de hisser dans une embarcation un énorme animal, pesant souvent de mille cinq cents à deux mille livres. Nous répondrons à cela en expliquant le moyen employé par les Ottomacs : ils font passer leur canot sous l'animal et, une fois que l'embarquement est opéré, ils rejettent au moyen d'un vase l'eau qui est entrée avec le lamentin. Cela fait, ils rament pour retourner à leur campement.

Une fois là, ils déposent leur butin sur la plage et le livrent à leurs amis, car les Ottomacs sont de vrais socialistes et le produit de leur chasse ou de leur pêche devient la propriété des frères et amis. C'est le chef du village ottomac qui, assis devant sa hutte, reçoit les articles divers et en opère la distribution suivant les besoins de chaque famille.

On dépouille le manati en réservant la peau, qui sert à différents usages. Le *strata*, autrement dit le gras, est mis à part pour en faire du lard ou de l'huile, puis on coupe la chaire par minces lanières, afin de la cuire sur le gril ou pour la faire sécher au soleil ou au feu, car l'usage du sel est inconnu chez les Ottomacs. On agit de même, sur les bords de l'Orénoque, pour le poisson et pour les alligators, et cette viande ainsi desséchée se conserve pendant des années.

La chasse des sauriens s'opère soit à l'aide d'un hameçon, soit au moyen du harpon. Souvent encore on s'en empare avec un nœud coulant que les Ottomacs avec une audace sans pareille vont, en nageant, attacher eux-mêmes à la patte de l'alligator.

Certains Indiens dédaignent la chair de cet amphibie, à cause de son odeur musquée ; mais les Ottomacs ne sont pas aussi difficiles. A vrai dire, cette peuplade n'a de dégoût pour aucune nourriture, quelque nauséabonde qu'elle soit. C'est chose passée en proverbe parmi les voisins de cette tribu, qui disent : « Il n'y a rien de mauvais pour l'estomac d'un Ottomac. »

Pour en donner la preuve, nous ajouterons que ces ces gens-là ont un goût particulier pour la terre : c'est un fait avéré. A l'époque des inondations de l'Orénoque, quand la pêche et la chasse sont impossibles, les Ottomacs deviennent affamés, et, pour tromper ou pour assouvir leur appétit féroce, ils mangent — c'est textuel — une sorte de terre glaise qu'ils ont recueillie pour s'en servir au besoin : il leur faut environ une livre de cette substance pour chaque repas. Cette terre n'a rien de nutritif par le fait, — comme cela a été prouvé par l'analyse, — mais son absorption suffit pour remplir le ventre, et c'est ainsi que l'Ottomac pallie les effets des crampes d'estomac. Qu'on n'aille pas croire que ces gens sauvages sont minces, fluets et émaciés; loin de là; ce sont les plus robustes indiens de l'Amérique du Sud.

La terre mangée par les Ottomacs se nomme le *poya* et se trouve sur les berges des rivières. Cette substance grasse et huileuse ressemble fort à ce que les vitriers appellent du mastic. D'un gris jaune quand il est humide, le *poya* devient rouge quand on le présente au feu, et ce changement de couleur provient de l'oxyde de fer contenu dans cette terre.

On a cru longtemps que les Ottomacs pétrissaient cette terre avec de l'huile de tortue ou de la cassave, mais il a été prouvé — par les analyses de Vauquelin, le chimiste — qu'elle contient seulement du silex et le l'alun, avec un tiers pour cent de chaux.

L'Ottomac recueille cette argile avec soin et la roule en forme de boulettes de diverses grosseurs. Puis il la fait sécher au feu et l'empile comme font les artilleurs de leurs boulets de canon. Quand l'Ottomac a faim, il mouille la boulette de *poya*, en casse le morceau qu'il veut manger et remet le restant sur la pyramide. Ce genre de nourriture ne cesse pas quand les inondations se sont écoulées; les Ottomacs, même en ayant devant eux du gibier en abondance, trouvent indispensable un morceau de *poya* pour compléter leur repas.

Du reste, d'autres tribus éprouvent le même goût pour le *poya* : ce sont celles qui appartiennent à la Nouvelle-Calédonie dans l'archipel indien et sur la côte ouest de l'Afrique. Humboldt était d'avis que cette coutume était générale sous les tropiques. Certains Peaux-Rouges, des bords de la rivière Mackenzie, mangent également de la terre.

Quand les inondations se prolongent, les Ottomacs sont d'autant plus heureux qu'ils se procurent du poisson et des tortues en abondance. Ils pêchent le poisson avec des filets, ou s'en emparent à coups de flèches.

Les tortues de l'Orénoque sont de deux espèces : l'*arau* et le *terecay*. La première est la plus recherchée, par cette raison qu'elle est la plus grosse, car elle mesure un mètre de largeur sur autant de longueur. Ces chéloniens sont très-peureux et c'est au moment où ils lèvent la tête à la surface de l'eau que les flèches des Ottomacs les atteignent au cou. Leurs flèches sont trempées dans le *curare* qui amène la mort en quelques instants.

La pêche du *terecay* s'opère de façons différentes Quand ces tortues flottent sur l'eau, les flèches s'émousseraient sur leurs carapaces, si l'on tirait sur elles du dessus. C'est par la perpendiculaire que les Ottomacs cherchent et réussissent à percer l'écaille et le cœur de ces chéloniens.

La saison de la chasse aux tortues est une époque

de fête chez les peuplades de l'Amazone, qui recueillent des quantités d'huile pour s'oindre la peau et les cheveux et de la graisse pour préparer leur nourriture. Ce qui n'est pas nécessaire à leur provision, ils le vendent ou plutôt l'échangent avec les négociants du bas Orénoque pour des armes et des ustensiles de ménage. Les gâteaux de *annoto*, de *chica* et de *coruto*, aussi bien que les peaux de jaguar, sont des objets d'échange pour les Ottomacs.

L'huile de tortue est faite avec des œufs d'*arau*. A l'époque de la ponte, tous ces chéloniens se rassemblent par bandes d'un million d'individus et se rendent à certains endroits habituels depuis des siècles, pour y déposer leur frai. Ce sont des bancs de sable un peu élevés au-dessus de la surface de l'eau et s'étendant à de longues distances. Le point favori des Ottomacs est placé à l'embouchure de l'Urvana. C'est généralement au mois de mars que la chasse aux tortues se pratique. La gent écaillée se hâte de pondre dans le sable qui doit échauffer les œufs par l'ardeur du soleil.

Les Ottomacs ne sont pas les seuls ennemis que les tortues aient à redouter. Avec eux, voici le jaguar, très-friand de la couvée, le hideux alligator, les grues (*garzas*) et les vautours noirs (*zamuros*) qui volent dans l'espace au-dessus des bancs de sable.

Çà et là on aperçoit un Indien qui guette le moment favorable ou qui cherche à éloigner des lieux où les tortues vont pondre tous les ennemis qui voudraient partager avec lui. Cette sentinelle fait signe aux canots qui s'aventurent dans ces parages de passer au large, afin de ne pas effrayer les *araus*.

Lorsque les tortues comprennent que le soleil est assez chaud pour servir de couveuse à leurs œufs, elles se hissent sur le sable et la ponte commence. Elles déposent environ cent œufs dans des trous de un mètre de circonférence, et souvent leur empressement est tel qu'il y a bris de nombreux œufs. Le bruit de ces coquilles écrasées ressemble à celui d'une fusillade. C'est de ce moment de folie, d'accouchement, que les Ottomacs profitent pour se ruer sur les tortues, les retourner sur le dos et les égorger.

Puis, quand la chasse aux *araus* est achevée, les Ottomacs procèdent au déterrement des œufs, qu'ils placent dans des corbeilles pour les transporter dans de vastes trous où ils sont écrasés en une grande omelette; coquille, blanc et jaune. On bat tout ce mélange et on le fait cuire jusqu'à ce que l'huile arrive à la surface. On retire alors cette matière onctueuse pour la placer dans des jarres de terre (*botigas*). Cette récolte dure environ deux semaines. Pendant ce temps-là, on voit le sable fourmiller de tortues naissantes auxquelles les enfants ottomacs font la chasse pour les dévorer toutes crues, comme ils le feraient d'une cerise. A ces chasseurs bipèdes se joignent les vautours et les grues et même les jeunes alligators.

C'est à cette époque de l'année que les Ottomacs vivent le plus largement. Les inondations leur procurent une nourriture abondante; ils tuent des alligators, des manatis, des poissons de toute sorte et peuvent se peindre et se graisser à leur bon plaisir.

C'est aussi la saison où ils se livrent à l'ivresse la plus effrénée, à l'aide d'un breuvage fait avec des racines de manioc ou de maïs, ou bien avec une sorte de poudre à priser qu'ils respirent par le nez. Cette poudre, c'est le *niopo*, fabriqué avec des feuilles de mimosa et mêlé avec de la chaux obtenue par la calcination des coquilles d'un mollusque très-abondant dans l'Orénoque.

L'effet de cette absorption de *niopo* ressemble à celui du bétel, du tabac ou de l'opium, voire même du *coca* du Pérou. L'abus du *niopo* produit une maladie très-curieuse de débilitation. C'est alors que les Ottomacs deviennent querelleurs et batailleurs, et profitent de ces excitations pour se venger de leurs rivaux et vider les vieilles querelles.

Ce n'est point à coups d'épée ou de pistolet que ces rencontres se pratiquent, mais... à coups d'ongles. Nous ajouterons en passant que ces ongles sont d'ordinaire enduits de *curare*, que les Ottomacs savent préparer d'une façon toute particulière et par des procédés d'eux seuls connus.

De toute façon, les voyageurs qui ont l'occasion de se battre avec un Ottomac, doivent se rappeler qu'il leur faut éviter la moindre égratignure de la part de cet homme des bois.

XIV

LES YAMPERICOS FOUILLEURS DE RACINES.

Les déserts qui se trouvent au centre de l'Amérique du Nord sont nombreux et aussi déshérités de la nature que l'est le Saharah de l'Afrique. On pénètre dans ces solitudes par le nord et par le sud, depuis le Mexique jusqu'au Pôle, et par l'est, ainsi que par l'ouest, vers les deux côtés de ces vertèbres de pierre que l'on appelle les Montagnes-Rocheuses.

A vrai dire, le désert ne se prolonge pas sur toute cette étendue, mais s'il y a par-ci par-là quelque vallée fertile, le reste est abandonné et sauvage.

A divers intervalles, dans ces vastes solitudes, souvent aussi larges que le territoire anglais, on aperçoit un espace couvert de verdure ; c'est un ruisseau qui passe par-là, et le long duquel poussent les cotonniers : ce paysage est assurément bien agréable pour le malheureux voyageur égaré dans ces parages.

Quelques-uns de ces déserts sont des plaines semblables à celles de la Beauce, sauf la culture qui manque complètement. C'est vers le 100e degré de longitude que l'on parvient dans ces lieux désolés.

Le désert en question est placé en ligne parallèle avec les Montagnes-Rocheuses, depuis le Rio-Grande du Mexique, jusqu'à la rivière Mackensie dans le nord, et on le nomme le *llano Estacado*, autrement dit la *Contrée dangereuse*. C'est un plateau élevé à trois cent trente mètres environ au-dessus des plaines environnantes ; les voyageurs, pour marquer la route, avaient enfoncé dans le sol des pieux élevés, jalons indispensables pour ne pas se perdre, et pour ne point choir dans des précipices, particulièrement en hiver, quand le sol est couvert de neige. On dirait une ligne de poteaux télégraphiques hors de service.

Les déserts de l'Amérique du Nord sont d'une nature très-variée. Il en est de privés de toute végétation et dont le sol est formé d'une couche de sable ; tandis que d'autres sont recouverts d'une pluie de soude qui ressemble à de la neige. Plus loin, le touriste foulera du sel gris aussi pur que celui qui sort des mines ou de la mer.

En avançant encore, on se trouve au milieu de scories de laves et de pierre-ponce : c'est le pays que les trappeurs nomment les *prairies des roches coupées*, et ni dans les uns, ni dans les autres de ces déserts, la moindre végétation ne peut se produire.

Dans le désert du sud, on voit bien par-ci, par-là,

des cactus ou des agaves; mais ces plantes textiles ajoutent encore à l'aspect sombre du paysage.

Il y a ensuite ce que l'on appelle le *chapparal*, sorte de jungle couverte de broussailles, de mimosas et et d'accacias, de plantes créosotes, d'*abiones cavescens*, de *prosopis*, et enfin de ces arbustes couronnés de fleurs rubescentes de la *fouquiera*.

Plus loin, vers le nord, dans la zone du lac Salé, la seule herbe qui couvre le sol est une armoise qui donne un aspect très-singulier au paysage.

De tous ces déserts, celui qui offre le plus d'intérêt au cosmographe est la partie nommée le « Grand-Bassin », couverte de lacs qui ne communiquent point l'un avec l'autre; sillonnée de ruisseaux, de rivières qui ne vont point se jeter à la mer et dont les eaux disparaissent par l'évaporation, comme cela a lieu en Asie et en Afrique.

Le plus grand amas d'eau de tout ce bassin est le *lac Salé*, près duquel sont établis les Mormons, dans la « ville des derniers saints ». On compte aussi d'autres lacs qui n'ont aucune communication avec cette nappe d'eau. Ce sont l'Utah, le « Humboldt », le « Walker » et la « Pyramide », sans compter beaucoup d'autres, que les géographes inscrivent tous les jours sur leurs cartes.

Nous ferons grâce à nos lecteurs des noms bizarres de tous les petits courants d'eau qui se jettent dans ces lacs, courent dans le milieu du pays, sans se diriger vers la mer, et s'évaporent dans les sables, à la chaleur du soleil.

Les limites du Grand-Bassin sont, à l'ouest, la Sierra Nevada de la Californie, et à l'est, les Montagnes-Rocheuses et les monts Wahsatch. La partie du sud est divisée en plusieurs endroits jusqu'aux fourches du Colorado, qui, du reste, forme un territoire bien distinct.

Qu'on ne s'imagine point que le Grand-Bassin est ainsi qualifié eu égard à la topographie de cette contrée, qui serait située en contrebas des autres. Bien au contraire; cette partie de l'Amérique est fort élevée, et certains lacs se trouvent placés à plusieurs mille mètres au-dessus du niveau de la mer. Çà et là, l'on aperçoit des pics élevés, des champignons de pierre, des aiguilles semblables à des obélisques, et enfin, des grands espaces que l'on appelle *Tables*, et qui en effet ressemblent à de grands blocs; de grandes dalles en forme carrée ou oblongue, offrent l'apparence d'un de ces meubles employés dans les maisons civilisées.

Tout en étant arrosé par des fleuves et des lacs, le Grand-Bassin n'en est pas moins fort aride. L'on ne trouve de la végétation que sur les bords des courants d'eau, et encore cette verdure est-elle rabougrie et de peu de valeur comme pâturage.

Il faut faire naturellement exception pour les oasis que l'on rencontre à quelque distance les uns des autres; tels que celui des Mormons dans l'Utah, sur les bords du Jourdain, et ceux de leurs établissements sur les rives du fleuve de l'Ours, dans les vallées de Tuilla et d'Odden.

Nous compterons également quelques landes de

terrain qui sont encore dans la possession des Peaux-Rouges, répandus sur le pays. C'est là que croissent les arbres à coton comme aussi le long de tous les affluents du Mississipi, jusqu'aux montagnes de la Californie.

Viennent ensuite les saules, et avec eux les chênes, les ormeaux, les sycomores et les érables à l'état rabougri. Dans les montagnes et au milieu des ravins, croissent des pins de diverses essences, dont quelques-uns produisent des fruits bons à manger. On rencontre quelquefois des forêts épaisses et d'une étendue fort considérable. C'est là ce que l'on appelle le chapparal, composé d'accacias, de mimosas, de robiniers et de cactus de toutes les formes, comme de toutes les tailles. Dans les régions méridionales du Colorado et du Gila abondent les Yuccas, qui ressemblent à des groupes de palmiers.

La végétation ordinaire du Grand-Bassin, c'est « l'armoise » qui recouvre cette vaste plaine aussi loin que la vue peut s'étendre. Cette plante est d'une teinte grisâtre très-semblable à celle de la pierre, et d'un aspect fort triste pour le voyageur, qui ne trouvent, dans ces parages, ni eau ni nourriture.

Il y a plusieurs espèces d'armoises, l'une rabougrie, l'autre herbacée, la troisième arborescente, et toutes forment un taillis tressé comme une corbeille. Ni l'homme, ni les chevaux, ni les mules, ne se nourrissent de cette plante. Toutefois, plusieurs animaux ne vivent que de ce fourrage et des baies qu'il porte.

Les habitants de ce désert, — qui n'en est pas précisément un, — sont les Indiens *Utahs*, les *Snakes* et les *Shoshones* ; quant à la race blanche qui est celle des Mormons et des Trappeurs, nous n'avons rien à en dire. Les deux premières races de Peaux-Rouges, très-distinctes entre elles, se disputent la possession du territoire ; toutes deux élèvent des chevaux, particulièrement les Utahs, et se livrent au pillage le plus effréné, quand l'occasion leur en est offerte.

Mais à côté de ces tribus, qui vivent de poissons et de gibier et sont en quelque sorte civilisées, on trouve les *Yampericos* ou les *fouilleurs de racines*, ainsi nommés par les Trappeurs qui parcourent le pays, par cette raison qu'ils creusent le sol pour en retirer les racines dont ils forment leur principale nourriture. Le terme *yamperico* est Mexicain ; il vient du nom de l'herbe dont ces Indiens mangent la racine, qui est la *yampa*, en langue espagnole. C'est une sorte de fenouil d'un haut goût, ressemblant fort au céleri-rave de l'Europe.

Le langage de ces Peaux-Rouges — si l'on peut appeler ainsi leur façon de s'exprimer — est un idiome singulier, semblable à des aboiements de chiens, entremêlés de termes shoshones ou utahs, que les aborigènes ont appris vraisemblablement par la fréquentation de ces tribus.

Dans la partie ouest, et dans le sud du Grand-Bassin, les « fouilleurs » sont nommés *pointe* ou plus proprement *Pah-Utahs*, eu égard à leur liaison avec les Utahs ; mais leur race est bien distincte de toute autre et ils vivent dans de petits oasis, situés le long des cours d'eau, par famille seule, ou par association de deux ou trois familles seulement.

Les Yampericos, loin d'être nomades, sont établis sur une montagne, autour de laquelle ils gravitent pour se livrer au pillage et à la chasse aux rats de sable, qui les occupent particulièrement.

Rarement ces fouilleurs sortent-ils de leurs tanières, et s'ils aperçoivent un visage humain qui n'est pas de leur tribu, ils se sauvent vite au fond de leur repaire, comme le ferait un animal sauvage. S'ils arrêtent ensemble le plan d'une expédition, ils l'exécutent en pleine nuit, et se sauvent au plus vite; ils tuent on se vengent, et emportent en toute hâte les objets volés par eux. Il est très-difficile de mettre la main sur ces sauvages, qui rentrent aussitôt au fond de leurs terriers.

C'est particulièrement sur les voyageurs isolés, ou en petit nombre, qui traversent les déserts pour se rendre en Californie, que ces tribus se ruent comme des chacals sur un cadavre. S'emparent-ils d'un cheval, ils le tuent pour se nourrir de sa chair, et ces repas somptueux sont pour eux l'occasion de saturnales impossibles à décrire.

Ces malheureux sont donc placés au plus bas de l'échelle sociale. La couleur de leur teint est celle de la terre de sienne; leur taille ne s'élève pas au-dessus d'un mètre quarante centimètres : elle est souvent plus petite; leur corps, maigre et macié, ressemble à celui d'une grenouille appendue au hameçon d'une ligne.

Leur peau sale et rugueuse offre à la vue l'aspect de celle d'un vieux rhinocéros.

Leurs pieds tournés en dedans, comme ceux de tous les arborigènes de l'Amérique du Nord, ressemblent bien si l'on veut à ceux de la race humaine, mais la jambe qui s'y rattache n'a rien de l'élégance de l'espèce bipède ; les mollets sont absents et les genoux sont pareils à ceux des antilopes ou des gazelles.

Leur visage est large, anguleux et les os des joues très-saillants. Leurs yeux petits sont d'un noir de jais, très-brillants et enfouis dans leurs orbites comme ceux des singes. La chevelure des fouilleurs est exceptionnellement remarquable : fort longue, très-épaisse, mais par malheur elle est souillée d'ordures de toutes sortes.

Pendant la saison de l'été, le costume des Yampéricos est fort simple ; il rappelle celui que l'on attribue à Adam et à Eve ; mais pendant l'hiver, la rigueur du climat, la neige qui couvre le sol, du haut en bas de la montagne, forcent ces sauvages à recourir à des vêtements plus chauds, c'est-à-dire à une couverture faite avec des peaux de lièvres qui leur couvrent les épaules et la poitrine. Les jambes et les bras seuls ne sont pas garantis contre les intempéries de la saison.

La femme, autrement dit la squast des Yampericos, est, à peu de chose près, semblable a son compagnon de misère. Elle est d'une taille inférieure, et se couvre des mêmes habits : le seul moyen de la reconnaître, c'est de l'examiner quand elle se livre aux travaux de la terre et du ménage; car c'est elle qui veille à l'entretien de la famille, qui coud ensemble les peaux de lièvres, qui va creuser les *yampas* et recueillir les grillons de la forêt, que les Yampericos mangent en guise de crevettes. C'est une esclave qui obéit sans murmurer à son maître et seigneur.

Si les Fouilleurs, qui vivent à leur guise et chacun chez eux, reconnaissent parfois un chef et font acte d'homme lige, c'est parce que celui qu'ils respectent est plus fort qu'eux. Comment pourrait-il en être autrement dans ce pays où les habitants ne peuvent vivre qu'à la condition d'être épars sur des oasis d'une très-petite étendue, qui fournissent à peine la nourriture nécessaire pour faire vivre trois ou quatre individus?

Qu'on ne s'imagine pas que les Yampericos, n'étant pas agriculteurs, soient pour cela des peuples pasteurs ou chasseurs; la plupart d'entre eux n'ont aucun animal domestique, pas même un chien. Du reste, le gibier n'abonde pas dans leur voisinage. Les bisons ne vaquent pas si loin dans les prairies américaines, et, s'ils y venaient, les Yampericos n'auraient aucune arme pour les abattre, puisqu'ils n'en ont pas pour mettre à mort les antilopes, les cerfs, les daims, à queue noire et blanche. Quant à l'ours grizette, la terreur que cet animal féroce inspire aux Fouilleurs est telle, qu'ils frissonnent rien qu'en y pensant.

Aussi, comme il est urgent de se nourrir pour vivre, le Yamperico, qui ne trouve aucun poisson dans les ruisseaux qui traversent son territoire, — si ce n'est dans la rivière Suake très-éloignée, où les saumons abondent, — n'a d'autres ressources que de fouiller la terre pour en retirer les racines. Armé d'une sorte de pelle en bois durcie au feu, l'homme est accompagné de sa femme qui porte un épieu; ces deux êtres chétifs, creusent tout autour de la plante et parviennent à en détacher la bulle. Ils recueillent ensuite quelques gousses de l'arbre appelé le *mesquita* et des graines de l'*algarobia*, dont l'arbre atteint quelquefois la hauteur de sept à huit mètres, et dont le fruit est une gousse d'un goût acidulé. Ces « haricots » sont receuillis avec soin par les femmes yanpericos, et conservés dans des corbeilles de jonc tressées avec soin. Ces graines de mesquita, ou d'algarobia servent de pain aux Fouilleurs, hommes et femmes.

Pour faire cuire les racines, les Yamperiços ne possèdent pas de marmites de bois, comme certains sauvages, il les font rôtir de la même façon que nous le faisons en Europe, pour des pommes de terre, sous la cendre. Quand la cuisson est opérée, ces bulbes ressemblent à une sorte de poire tapée, à un coing cuit au four, gluant et juteux, mais dont le goût est assez âcre.

Lorsque les ours, qui fouillent aussi pour arracher les racines à la terre et s'en nourrir, ont dévasté le pays et dévoré le yampah et le kama, il reste encore une ressource aux Yampericos : c'est la récolte des grillons ; ces insectes, à certaines saisons de l'année, sont si abondants qu'ils grouillent sur le sol. Ces grillons du Grand-Bassin sont les sauterelles de l'Afrique, qui dévastent tout sur leur passage.

Les passages des grillons sont accompagnés d'oiseaux blancs fort nombreux et par des mouettes, qui se nourrissent exclusivement de ces insectes. Lors d'une invasion terrible de ces *crikets*, dans le pays des Mormons, le prophète Brigham Yonng déclara à son peuple, que Dieu avait envoyé le remède à côté du mal, et que ces oiseaux, suivant leur proie, délivreraient le pays de cette plaie d'Egypte. Et cela se fit comme il l'avait dit.

Un grand nombre de ces grillons échappent aux becs des mouettes, et les Yampericos en font grand cas. On se rappelle que l'apôtre saint Jean lui-même n'avait point fait fi des sauterelles.

Les Yampericos s'emparent donc de ces grillons, qu'ils écrasent et font rôtir en quantité ; ils les conservent longtemps de cette façon. Ils mêlent souvent à cette pâte d'insectes des graines de mesquita et de la pulpe de yampah, de façon à façonner une sorte de plum-pudding, qui n'est pas du goût de tout le monde, mais qu'ils trouvent sans doute exquis.

Ce n'est pas cependant l'insecte grillon qui forme la nourriture habituelle des Yampericos fouilleurs. Les licornes, dont les pelleteries leur servent de fourrures pour leurs vêtements, sont aussi pour eux un animal de chasse. Cet animal, d'un poil argenté, se nourrit d'armoise et gite au milieu de ces herbes, avec la couleur desquelles sa robe se confond. La chair de ce rongeur est d'un goût détestable, et le dernier des chiffonniers refuserait d'y goûter, voire même si elle était cuite avec des oignons. Toutefois les Fouilleurs trouvent cette chair exquise, et ils font à ce petit animal une chasse incessante avec des arcs et des flèches, ou bien encore au moyen d'une trappe organisée en petit, comme celle dont se servent les peuples africains, pour conduire des hardes d'animaux entre deux palissades, et les faire tomber au fond d'un précipice, creusé a cet effet. Cette haie, à peine élevée d'un mètre, est façonnée avec des herbes entrelacées en forme de nattes, et quand le lièvre est lancé dans ce boyau, il est pris : mais le plus difficile est de le forcer à y pénétrer.

Nous ajouterons, à ces animaux de chasse chez les Yampericos, les marmottes, les rats de sable et les grands écureuils. Tous ces animaux sont pris à l'aide de lacets disposés à l'orifice des trous, qu'ils se sont creusés dans la terre. Pendant l'hiver, c'est en fouillant le sol que les Yampericos s'emparent de ces quadrupèdes rongeurs.

Il est aussi un superbe oiseau que ces Peaux-Rouges du Grand-Bassin trouvent exquis pour leur repas : c'est le tchas à queue de faisan, bien plus gros encore que le grand coq de bruyère des forêts d'Allemagne. Cet oiseau est réellement aussi gros qu'un aigle, et sa forme, différente de celle des autres tchas, est assez allongée. Sa robe d'un gris argenté, mêlé, de noir, le fait souvent confondre avec la plante armoise, au milieu de laquelle il se cache et dont il mange les baies.

Cet oiseau est fort remarquable par deux espèces de goître qu'il porte sur sa poitrine et qui sont recouverts de crins au lieu de plumes. A vrai dire, malgré la beauté de son plumage, quoique le tetras appartienne à une espèce très-recherchée, sa chair est immangeable et plus mauvaise encore que celle du lièvre de ce pays.

Peu importe! le Fouilleur s'en régale, d'autant plus qu'il lui arrive rarement de tuer un de ces oiseaux géants.

Comme addition aux différents mets appréciés par les Yampericos, nous pouvons ajouter les noms de plusieurs autres quadrupèdes et oiseaux du Grand-Bassin. Ce qu'il faut aux Fouilleurs, c'est la quantité et non la qualité; ils parviennent rarement à se rassasier.

La meilleure saison pour ces peuplades, c'est l'été; car alors les baies de la « ronce des bisons » sont mûres: ces fruits ressemblent à la groseille et leur abondance est sans pareille.

Les Yampericos étendent leur manteau de peau de lièvre sous l'arbuste qu'ils secouent pour en receuillir les grains murs. Un gâteau fait avec ce fruit et des grillons, cuits ensemble, passe pour une douceur. Le célèbre gâteau de Noël, en Angleterre, n'a pas un succès plus grand dans un repas de famille.

Les Fouilleurs sont aussi très-friands d'un insecte qui fait son nid aux flancs des rochers, particulièrement au-dessus des ruisseaux ; les nids ont la forme et la grosseur d'un ananas et dans l'intérieur se trouve un amas de cancrelats de petite taille, de couleur brune qui, une fois cuits, passent pour un mets exquis, non-seulement au goût des Yampericos, mais encore à celui des autres Indiens plus épicuriens qu'eux.

Outre les yampahs et les kamas, on trouve d'autres plantes curieuses dans le pays des Fouilleurs, entre autres une espèce de chardon, le *cirsium* de Virginie, dont la racine ressemble à une grosse carotte au goût très-fort, et qui, pour être mangée à point, doit être longtemps cuite, ou rôtie sous la cendre.

Une autre racine, celle de la valériane comestible, appelée le *koyah* est un mets dont les Yampericos sont très-friands. La couleur de ce légume est d'un jaune brillant, et la plante devient d'une très-haute taille. Son goût de valériane est très-prononcé, mais à la cuisson ce goût âcre s'altère. On trouve cette valériane dans les endroits humides, le long des ruisseaux ou sur les rivages des lacs marécageux. Elle pousse entre les yampahs et les kamas. Les Fouilleurs se rendent dans les parages où croissent les *koyahs*, quand vient la saison de la récolte, c'est-à-dire en été, alors que tout pousse et que tout est abondant; l'hiver seul est une mauvaise saison pour les Yampericos.

Dans certains endroits de cette contrée déserte, poussent des pins dont les cônes sont remplis d'une amande qui atteint souvent la grosseur d'une noisette. Les Espagnols appellent ce fruit, le *pignon*; c'est le même que les Provençaux nomment des *pignons*. Ces amandes rôties sont un mets très-agréable au goût qui se conserve très-bien en hiver, sans crainte d'être endommagé par l'humidité.

On ne peut oublier, dans la nomenclature des *vivres* considérés comme alimentaires par les Indiens fouilleurs, les vers, les pucerons, les grenouilles à cornes de la prairie (*agama cornuta*), et les lézards qu'ils pourchassent particulièrement, du matin au soir, à l'aide d'un long bâton, terminé, par un croc avec lequel ils retirent ces reptiles et ces insectes des fentes des rochers, où ils se sont cachés à leur approche. L'adresse du Yamperico, pour ces sortes de chasses, est vraiment extraordinaire.

Nous pourrions ajouter encore d'autres détails fort curieux sur cette race indienne de l'Amérique du Nord, mais l'espace nous manque et déjà ce tableau nous a paru très-complet.

XV

LES ANDAMANS AUTREMENT LES SAUVAGES ENDUITS DE BOUE.

Sur la côte est de la baie de Bengale, le voyageur rencontre un petit archipel, que les géographes ont nommé les îles Andamans. Ce groupe d'îlots forme une ligne allongée, s'étendant du nord au sud, et se compose d'une suite de récifs réunissant le cap Négrais dans le pays des Birmans, côte à côte avec les îles Nicobar, à l'île de Sumatra.

Il y a peu d'années encore on croyait que cet archipel ne formait qu'une seule île, que l'on nommait le Grand-Andaman. Mais en 1792, on s'aperçut qu'un canal coupait cette île en deux.

Cette découverte toute accidentelle fut due à un terrible événement.

Un navire, parti de Madras, avait pénétré dans le canal des Andamans, se rendant à un établissement de forçats à qui il portait des provisions pour leur subsistance. On se dirigeait vers Port-Cornwallis, et le capitaine ignorait la position topographique de cette colonie pénitentiaire.

Parvenu entre cette ville et le pays des Birmans, il vit devant lui une baie profonde, et envoya un canot à la découverte.

L'équipage, composé de deux Européens et de six lascars, parvint à l'entrée du canal vers la tombée de la nuit. Comme ces matelots n'y voyaient pas assez pour se guider, l'embarcation fut entraînée vers le golfe de Bengale. Le vent de la mousson nord-ouest, soufflait avec violence et le courant emporta les matelots dans le canal, malgré les efforts qu'ils faisaient pour retourner à bord.

Ils s'en allèrent ainsi dans l'Océan indien, bien loin de la terre. Ces malheureux restèrent ainsi dix-huit jours ballottés par les flots. Enfin un navire français les retrouva sous les tropiques à plusieurs cents milles de ce canal qu'ils avaient découvert sans le vouloir.

Mais hélas! terrible histoire à raconter! les deux Européens et trois lascars étaient seuls en vie au moment où le navire français retrouva ces malheureux : les autres avaient été tués et dévorés par leur cinq camarades.

L'établissement pénitencier de Port-Cornwallis ne dura que quelques années, eu égard à l'insalubrité du climat : les Cypayes qui gardaient les convicts périssaient comme des mouches.

Quoiqu'il en soit, les îles Andamans offrent aux voyageurs un aspect très-séduisant. Une chaîne de montagnes coupe ce territoire en deux, et quelques-unes d'entre elles s'élèvent de huit à neuf cents mètres au-dessus du niveau de la mer. D'épaisses forêts couvrent ces roches ardues, forêts vierges s'il en fût, car on n'a découvert nulle part la moindre trace de culture et nul n'a pu jamais affirmer qu'un seul pionnier se soit établi dans ces parages, à l'exception cependant des convicts qu'on y avait transportés.

Certains arbres sont, en cet endroit du globe, d'une élévation gigantesque et leurs essences varient de toutes façons. Les mangliers couvrent les bords de la mer; des fougères énormes et des rotins poussent drus et serrés sur le versant des montagnes. Les bambous sont très-communs et le gambir (*agathis*), duquel on extrait la terre japonaise employée dans le commerce, est un des arbres les moins rares. Nous ajouterons à cette végétation, celles des plantes ou écorces propres à la teinture, et le *pandanus* connu sous le nom de *pain de Nicobar*.

Malgré la situation admirable de ces îles, les animaux qui les habitent sont en fort petit nombre. Les seuls quadrupèdes connus sont les sangliers, les chiens et les rats, auxquels nous ajouterons une variété de singes qui peuplent l'intérieur des forêts.

Les oiseaux sont en petit nombre : ce sont des pigeons, des tourterelles, des petits perroquets et des corbeaux indiens. Les faucons se perchent souvent sur les arbres, et une espèce de colibri voltige sur les fleurs quand vient le soir, en poussant des cris semblables à ceux des colombes.

La famille des hibous se compte par plusieurs espèces, et sur les falaises de la côte on trouve une singulière hirondelle, celle qui produit, en fabriquant son nid, la gomme mucilagineuse, qui est la friandise la plus recherchée des Chinois, et dont les mandarins seuls peuvent se payer de luxe.

Sur les rivages on rencontre les mouettes, les goelands et plusieurs autres oiseaux de mer.

Un grand lézard de l'espèce iguane et plusieurs autres reptiles, tels que le serpent vert, un des plus vénimeux de la création, peuplent les forêts, si bien qu'il est dangereux de s'aventurer dans l'intérieur du pays.

Aucune de ces particularités ne serait remarquable, si les îles Andaman ne se trouvaient pas si près de la côte de Birmanie, contrée où la faune est si variée. L'absence des grands animaux est d'autant plus bizarre qu'ils pourraient vivre et se multiplier à leur aise dans toute l'étendue de l'île. Cette étrangeté de la nature à toujours étonné les zoologistes.

Mais ce qui est plus curieux encore, ce sont les hommes qui vivent sur ces côtes inhospitalières. Il n'y a pas sur la terre de peuplades plus sauvages que les Andamans, et déjà du temps de Ptolémée, ils passaient pour anthropophages.

Les Arabes du IXe siècle, qui s'étaient avancés jusque dans l'Océan Indien, parlaient d'eux dans le même sens. Marco Polo cite également « ce défaut », et de nos jours, le docteur Lathrane, un anthropologiste célèbre, a déclaré que les Andamans étaient des païens cannibales.

Je suis d'avis que les Andamans n'ont jamais goûté à la chair humaine, à moins qu'ils n'y aient été forcés par la famine. Du reste, les Anglais, les Français, les

Allemands, les Américains, n'ont-ils pas été réduits à ces mêmes extrémités, même dans le Nouveau-Mexique et la Californie.

Les matelots chinois sont les premiers qui aient porté sur les Andamans cette terrible accusation de cannibalisme. Quand leurs jonques les amenèrent à Andaman pour y chercher des *salanganes*, de l'hirondelle aux nids renommés et des *tripangs* (sorte de limace de mer) qui passe pour un mets de luxe parmi les mandarins du Céleste empire, quelqu'un d'entre eux ayant fait naufrage furent attaqués et pris par les Andamans. Pareil malheur aurait pu leur arriver ailleurs : les équipages furent massacrés, mais rien ne prouve que les cadavres de ces aventuriers aient été dévorés. J'ai toutes raisons de croire le contraire, et je ne citerai pour exemple qu'un incident qui s'est passé à l'époque où les îles Andamans étaient occupées par la Compagnie des Indes, en 1793.

Quelques pêcheurs, appartenant à la colonie, apercevant une femme à peu de distance de l'endroit où ils se trouvaient, lui offrirent des présents et l'engagèrent à les suivre. Ces traîtres trompèrent la bonne foi de cette malheureuse, et la maltraitèrent au lieu de lui donner à manger.

La prisonnière se mit à pousser des cris stridents qui amenèrent sur les lieux un grand nombre d'indigènes. Un combat s'ensuivit : deux pêcheurs furent tués, massacrés à coups de zagaies et de flèches, les autres parvinrent à fuir et revinrent en force pour enlever les cadavres de leurs camarades. On avait peu d'espoir de les retrouver ; car tout le monde croyait qu'ils avaient été dévorés par les Andamans. Quel ne fut pas l'étonnement des gens de la colonie en apercevant les cadavres des deux matelots parfaitement intacts, et à qui les indigènes n'avaient pas ôté un seul lambeau de chair. Seulement, ces malheureux étaient percés de coups et leurs corps criblés de meurtrissures faites avec des pierres.

Le second cas se rapporte à l'époque où le roi de Delhi fut fait prisonnier. S. M. Hindoue fut transportée à l'île Andaman avec un grand nombre de Cypayes révoltés, faits également prisonniers pendant la guerre.

La colonie pénitentiaire avait été rétablie à cet effet et un détachement de troupes de la Compagnie des Indes, avait été envoyé pour garder ces gens-là. Le nombre des détenus était plus considérable que celui des gardiens, aussi était-il convenu que si l'un des prisonniers s'échappait, il serait inutile de courir à sa poursuite.

Du reste, entreprendre une recherche quelconque dans les forêts de l'Andaman eut été chose folle. Deux semaines après le rétablissement de la colonie pénitentiaire à Andaman, de nombreux détenus prirent la clef des champs et on ne fit même pas attention à leur fuite.

Après quelques semaines d'absence, on vit revenir tous ces fuyards, les uns après les autres, dans un état de misère déplorable. Ils avaient voulu jouir de la liberté, mais l'essai leur avait prouvé que la captivité avec un estomac plein valait mieux que la liberté avec le ventre vide ; sans oublier le risque couru d'être transpercé par les flèches ou les zagaies des sauvages.

Quelques-uns avaient péri sous les coups des indigènes, et les autres avaient eu le plus grand mal à s'échapper, à moitié morts, des mains de ces sauvages. Aucun d'eux cependant n'avait été dévoré. Il était donc certain que les Andamans n'étaint point cannibales.

Tels sont les arguments qui refusent les assertions de Ptolémée et des Arabes, aussi bien que celles de Marco Polo. Les uns avaient communiqué aux autres ces erreurs publiées comme de l'histoire. Rien ne prouve du reste que Ptolémée, en parlant des *îles de Bonne-Fortune*, ait voulu désigner Andaman. Cette qualification ne s'applique-t-elle pas plutôt à Sumatra et à ses Ratias, qui sont réellement des cannibales?

Et d'ailleurs quest-ce que Ptolémée pouvait savoir à ce sujet ? On est réellement trop porté à adopter les erreurs des anciens écrivains qui, après tout, n'étaient pas plus infaillibles que nous ne le sommes ; mieux encore, nous laissons souvent de côté leur témoignage, quand il pourrait nous faire découvrir la vérité.

Si les Andamans ne sont point anthropophages, ils n'en sont pas moins de vrais sauvages. Ils ne se réunissent point en tribus comme les Boschimen de l'Afrique ou les Cherokeer de l'Amérique. A peine se groupent-ils ensemble, et en cela ils ressemblent aux singes et aux animaux de la même espèce.

Les Andamans sont réellement les plus horribles

créatures que l'on puisse voir. Trapus et rabougris, à peine sont-ils hauts d'un mètre soixante centimètres; les femmes ont des formes plus petites encore que celles des hommes. Leur peau est noire comme de la suie, et ils se couvrent le corps d'un enduit dont nous allons parler tout à l'heure.

Le tronc du corps des Andamans est en général très-fortement développé, les bras sont très-nerveux, tandis que les jambes sont minces et grêles, osseuses et flasques. Leurs pieds offrent des dimensions difformes et leur talon se projette en arrière comme l'ergot d'une alouette.

Tout porte à croire, que c'est par leur habitude de courir sur la vase et les sables mouvants à la recherche des coquillages, que les pieds de ces sauvages ont atteint de pareilles proportions. Ce n'est pas, du reste, la première fois qu'un cas pareil se serait présenté dans la nature humaine.

Les Andamans sont affligés d'un ventre énorme, ce qui n'est pas rare chez les peuples sauvages, qui souffrent souvent de la faim, et leur visage respire la cruauté et la soif du sang, sous l'aspect famélique qui leur est particulier.

Je dirai cependant que cette description se rapporte plus aux habitants de la grande île Andaman qu'aux autres peuples de l'archipel. Dans le petit Andaman la race est améliorée, car on rencontre souvent, parmi les individus de ces peuplades, des hommes de deux mètres de hauteur, dont les formes sont bien proportionnées.

Quoiqu'il en soit, les Andamans appartiennent tous à la même race. Les traits de leur visage sont presque identiques, loin de ressembler à la race hindoue ou mogole, voire même à celle des malais. Les Andamans ont le type nègre, c'est-à-dire le nez aplati, les lèvres lippues, les cheveux frisés, la peau noire comme de la suie, la tête énorme, hors de proportions, les yeux rouges et enfouis dans leurs orbites. Les Andamans auraient vraiment tort de prétendre à la beauté.

Ces malheureux n'en sont pas moins une peuplade très-intéressante à étudier. On se demande d'où viennent ces sauvages, et, certainement, ces deux milliers d'êtres humains (les Andamans ne sont pas plus nombreux) ont une origine africaine. On raconte l'histoire que voici, au sujet de leur présence actuelle à Andaman.

Un navire portugais, dont le capitaine se livrait à la traite des noirs, fit naufrage un certain jour, en se rendant avec son bétail humain, aux calonies hindoues de la baie de Bengale. Le terrible évènement eut lieu près des îles Andaman. L'équipage ayant été massacré par les esclaves du bord, ceux-ci abordèrent dans l'île déserte et en devinrent les habitants.

Cette histoire prouverait que les habitudes de cruauté sont dues à celles de la vengeance, car les Andamans actuels se rappelaient les cruels traitements exercés sur eux pendant leur séjour à bord du négrier.

Tout cela serait possible, si l'on n'avait pas sous les yeux les récits de Ptolémée, des Arabes et de Marco

Polo, qui prouvent l'existence des Andamans, bien avant que le navire portugais eut sillonné les mers de l'Inde ou que Vasco de Gama eut doublé le cap africain.

Une autre version raconte que le navire qui fit naufrage sur la côte d'Andaman était arabe ; et l'on assigne une époque plus ancienne à la présence des Andamans dans ces îles de l'Archipel. Toutes ces hypothèses me semblent erronées ; car les Andamans n'appartiennent point à la race africaine ; leurs cheveux frisent, mais ne sont point laineux comme ceux de l'espèce éthiopienne ; c'est ce qui les fait rentrer dans la race des Papous, ou des habitants de la Nouvelle-Guinée, race bien différente, comme chacun le sait, de celle du sud de l'Afrique.

On se demande alors comment les Andamans sont arrivés dans les îles qu'ils habitent, et pour quelle raison ils sont les seuls de cette race noire, au milieu des nations distinctes de la Birmanie, de Sumatra et de Nicobar. Nous répondrons à ceci, qu'il existe dans la partie montagneuse de la Malaisie une race noire : les *Samangs*, qui a certainement une grande analogie avec les Andamans et ceux de la mer de Chine.

Qui pourrait affirmer que ces peuples n'ont pas autrefois possédé la péninsule malaise, puisque l'on retrouve les figures représentant Bouddha, le Guadma des Birmans et des Siamois, avec des cheveux frisés et tous les traits du nègre.

L'on pense généralement que les Andamans ont été autrefois maîtres de la péninsule malaise. Selon toute probabilité, l'émigration a eu lieu du côté des Tropiques.

Revenons aux mœurs et usages des Andamans.

Leurs demeures, leur antre dirons-nous plutôt, prouvent qu'ils ont à peine autant d'intelligence que les Canadiens qui se préparent des huttes sous aquatiques.

Quelques bouts de bois, enfoncés dans le sol à côté les uns des autres, sont courbés par eux à l'extrémité supérieure et réunis de façon à former toit. Cette carapace est recouverte de feuilles de roseaux et de rotins, et le propriétaire jette sur le sol un lit de feuilles sèches sur lesquelles lui et les siens se reposent.

Cette sorte de cabane est du reste la même que celle des Boschimen et des Fidjiens.

On ne trouve jamais chez eux d'ustensiles de cuisine : un coquillage — celui du Nantilus — remplace la coupe, le verre à boire. Les armes de guerre, par contre, sont très-nombreuses ; comme chez tous les sauvages, des arcs, des flèches, des javelots et des harpons. Les arcs très-longs sont fabriqués avec des bambous, et les flèches proviennent des mêmes roseaux.

Les pointes sont empruntées à des défenses de sangliers des îles Andaman. Avec des ligaments et des dents de ces animaux, ils se fabriquent des ornements de parade, mais la vanité n'est pas le faible de ces insulaires. Si l'on trouve quelquefois des morceaux de fer chez eux, c'est par exception. Ce sont alors de gros clous aplatis de façon à former des lames de couteaux ou de tranchant de leurs hachettes de bois dur. Ces débris de métal forgé proviennent indubitablement de naufrages ou bien d'échanges faits avec les convicts de l'établissement pénitentiaire. Mais le commerce est chose inconnue à Andaman ; car les Malaisiens se soucient fort peu d'avoir la moindre relation avec des naturels aussi féroces.

Sur divers points de l'île, où la population est moins brutale, on trouve des corbeilles pour mettre des fruits et des coquillages, des arcs et des flèches bien façonnées dont quelques-unes ont plusieurs pointes et sont destinées à la chasse aux poissons.

Les Andamans ont aussi des canots de construction particulière, qui leur servent seulement à traverser les baies et à explorer les rivages de leur île.

On ne trouve les demeures des Andamans que sur la côte. Rarement s'aventurent-ils dans l'intérieur, où, du reste, rien ne les attire. Les sangliers, à qui ils font la chasse, sont en aussi grand nombre sur les bords de l'île que dans les forêts du milieu du territoire. D'autre part, les bois sont moins touffus et pleins de mangliers, dont les fruits forment la principale nourriture de ces animaux.

Les arbres à fruits bons à manger se réduisent à un fort petit nombre. Les cocotiers, si nombreux sur les terres du voisinage d'Andaman, sont inconnus dans l'île, et comme les sauvages ne connaissent rien à la culture, leur nourriture n'emprunte presque rien au règne végétal.

Le *pandanus* autrement dit « l'arbre à pain », dont j'ai déjà parlé, porte un énorme fruit qui pèse souvent de quinze à vingt kilos. Les Andamans le nomment : *mel ori*. Pour que ce fruit soit bon à manger, il faut savoir le préparer et les peuplades de l'île ignorent le procédé bon à l'employer pour cela ; aussi l'amertume de ce mets le rend-il peu agréable au goût.

Il y a également le fruit du manglier et celui de quelques autres arbres, mais ces ressources ne sont pas de toutes les saisons.

Leur principale nourriture est le poisson très-abondant sur la côte, et les coquillages receuillis dans les rochers à la marée basse. Ce sont les femmes qui s'occupent de ces récoltes maritimes, tandis que les hommes font la chasse aux sangliers, ou s'en vont pêcher à coups de flèches ou de harpons.

On les voit quelquefois se livrer à cette occupation la nuit à l'aide du feu.

Quand la pêche est insuffisante, quand les huîtres et les moules deviennent rares, les Andamans sont réduits a dévorer les lézards, des insectes, des vers et peut-être alors, à l'occasion, un peu de chair humaine. Mais ces disettes n'arrivent pas souvent, par bonheur pour les indigènes Andamans.

En 1793, quand les Anglais avaient leur établissement pénitentier dans l'île, ils trouvèrent deux sauvages sur le bord de la mer. On crut d'abord que ces hommes étaient morts, mais bientôt on s'aperçut qu'ils étaient mourants de faim. L'un était un vieillard, l'autre un jeune homme : on les transporta dans l'intérieur du fort et on leur prodigua tous les soins nécessaires à leur état. On réussit à faire revenir à lui le jeune homme, mais il fut impossible de ranimer le vieillard, qui mourût peu d'instants après.

Deux jeunes filles furent trouvées également en cet état par des matelots, qui les engagèrent à venir à leur bord. Elles refusèrent, puis, dès qu'on leur eut montré un morceau de poisson, on les vit se décider sans plus hésiter. Mais une fois parvenues sur le navire, l'une fit le guet, pendant que sa compagne dormait. Elles chantaient et dansaient sur le pont : on leur donna des vêtements dont elles se débarrassaient au plus tôt : le vin, les liqueurs n'étaient pas de leur goût, mais le sucre leur plaisait fort. Le riz était leur nourriture préférée.

On les garda ainsi pendant quelques semaines à bord, et quoique ces jeunes filles se trouvassent fort bien, qu'elles eussent engraissé, elles n'en regrettaient pas moins leur vie sauvage.

Aussi, certaine nuit, trompant la vigilance de leurs gardiens, elles se jetèrent à la mer et franchirent en nageant le kilomètre qui les séparaient du rivage. Plusieurs fois les voyageurs ont voulu tenter les mêmes moyens de séduction avec les Andamans, ils ont toujours été traités de la même façon.

Quand l'abondance règne parmi ces peuplades, les Andamans ne font pas de provisions : ils mangent comme des gloutons jusqu'au point de se faire mal, et se livrent à des orgies de victuailles, après lesquelles ils dansent et se divertissent à leur manière.

Les danseurs forment un rond et se donnent à tour de rôle des coups de pieds dans le bas des reins avec la plus grande rapidité. Ils échangent même ces coups sans se fâcher, c'est l'usage.

Les vêtements des Andamans se réduisent, pour les femmes, à une ceinture frangée très-étroite passée autour des reins et n'ayant d'autre motif d'être là que celui de la coquetterie. C'est le *liku* des îles Fidji. Les hommes, eux, ne portent rien qui puisse les gêner. Et cependant ni les hommes, ni les femmes ne sont nus. Car à peine éveillés, les uns et les autres se couvrent le corps de boue, qui se dessèche à mesure que le soleil opère sur leur corps, les force a remplacer par un nouveau morceau d'argile celui qui est tombé. Les Andamans sont aussi dans l'usage de se recouvrir les cheveux avec une substance d'ocre rougeâtre qui leur sert d'ornement.

Cette mode de se couvrir de boue doit être attribuée au désir de se préserver des attaques des moustiques, qui pullulent dans les marécages de la côte, et dont les piqûres sont épouvantables.

Le fond du caractère des Andamans, est de haïr tous ceux qui veulent les approcher. Cette haîne ne se dévoile pas seulement contre les blancs, mais encore contre les malais, dont la peau est aussi noire que la leur.

Tout porte à croire qu'à une certaine période de leur vie, les Andamans ont été violemment maltraités et qu'ils en ont gardé rancune à tout l'endroit.

Les Andamans sont-ils ou ne sont-ils pas originaires du pays? Qu'importe. Leur présence en ces lieux n'est pas plus étonnante que celle du renard-loup des îles Falkand, ou des insectes sans ailes des îlots de l'Océan.

XVI

LES FIDJIENS ANTHROPOPHAGES.

Tous mes lecteurs ont, sans doute, entendu parler du « *Roi* des îles anthropophages », qui, comme le dit la chanson,

> Se remplissait la bedaine
> De l'horrible chair humaine
> Sous son toit de grands bambous.

Ce vieux refrain anglais n'a réellement rien d'exagéré ; car il représente catégoriquement la vie animale de ce souverain exotique.

Cette majesté anthropophage est bien connue par ses atrocités; mais aucun historien n'a encore satisfait la curiosité du public, relativement à la position géographique des États de ce roi. Sagit-il des îles Tonga, des Marquises, des Loo-Choos ou des Soo-Loos, ou bien encore de quelqu'autre groupe où l'anthropophagie est en honneur? Nul n'avait encore jusqu'ici éclairé la question. Du reste, les Fidjiens, passent avec raison pour être de vrais cannibales, et c'est de leur roi que l'on a voulu chanter les faits et gestes.

Les îles Fidji se trouvent au milieu de l'océan Pacifique, sous le 18° parallèle au sud de l'Equateur. Leur longitude est remarquable, en cela qu'elle complète le méridien de Greenwich à la 180° ligne. Ainsi, quand il est midi à Londres, minuit sonne chez les Fidjiens.

Mettez le doigt à la place où la 18° ligne de latitude se rencontre avec la 180° de longitude, et vous serez au centre de l'archipel des Fidjis, en laissant forcément de côté un petit groupe qui s'étend plus loin. On compte près de deux cent vingt-cinq îles ou îlots, dont environ quatre-vingts ou quatre-vingt-dix sont dépourvus d'habitants : et la population complète est évaluée à deux cent mille individus.

Deux îles dans cette longue nomenclature sont seulement importantes « Viti » qui a quatre-vingt-dix milles de long sur cinquante milles de large, et « Vanoua » cent milles sur vingt-cinq milles.

Dans le nombre de ces îles, les unes sont des rochers de corail et les autres des basaltes volcaniques. Toutes offrent des horizons pittoresques et curieux à visiter. Les pics les plus ardus sont de cinq mille pieds au-dessus du niveau de la mer et ils affectent toutes les formes, plateaux, dômes, aiguilles et pains de sucre.

Il n'est pas de pays dans l'océan Pacifique qui offre des paysages aussi variés que ceux de cet archipel, peuplé par des sauvages.

Une promenade à bord d'un canot à voile, à travers ces petits territoires, est un plaisir sans pareil; on se croirait transporté dans l'Eden. Partout la plus admirable végétation règne sur ces continents lilliputiens, et un des touristes qui a visité ces parages, s'écrie, à certain endroit du livre qu'on a publié :

— « Elles sont si belles que l'on ne peut croire » que ce soit là une résidence de cannibales. Mais

» hélas ! rien n'est malheureusement plus vrai. »

Jamais, en aucun lieu du monde, la nature ne s'est montrée plus généreuse qu'au milieu des îles Fidji. C'est le pays de l'abondance. Les ignames y poussent dans des tailles énormes, six pieds de long et d'un poids de cent livres. La variété de ce légume est nombreuse. Les patates sont du poids de cinq ou six livres et le Taro comestible « *Arum arculemtum* », dont les Fidjiens font leur principale nourriture, devient énorme dans toutes ces îles. La massave autrement dit le Tri-trée « *dracœna* », aussi bien que le poivrier « *methislicum* », qui servent a fabriquer les boissons enivrantes, sont très-communes aux îles Fidji, et le poid de chacun de ces fruits atteint quelquefois jusqu'à cent quarante livres. Ce dernier fruit possède des qualités narcotiques, et l'on s'en sert particulièrement pour brasser le *kava* ou le *yaqona*, comme les voyageurs appellent les spiritueux de cette partie du globe. Les arbres à fruits poussent en abondance à Fidji. On en compte neuf espèces : il y a également trente variétés de bananiers et de plantins, qui toutes ont des noms différents : trois sortes de cocotiers, des fougères sans pareilles, des ananas monstres, des pamplemousses, des orangers, des figuiers, des citronniers, des fruits de toutes les espèces, des racines, des légumes sans nombre.

Cela pousse aux îles Fidji mieux que partout ailleurs. Le drap lui-même est le produit d'un arbre originaire du pays qui s'appelle le « malo » (*bronsonetiæ papifera*).

On se sert de cette toile végétale pour faire des tapis, des tentures, les ornements des temples et les rideaux des demeures particulières.

On remplirait les pages d'un volume si l'on voulait décrire les végétaux de ces îles et leurs propriétés.

Par contre, la faune n'est pas aussi importante et les quadrupèdes sont peu nombreux dans toute la Polynésie. Les chiens, les cochons, font partie de l'alimentation; mais ni les uns ni les autres ne sont originaires des îles Fidji, et l'on ne peut point déterminer l'époque de leur introduction dans les îles. Deux ou trois petits rongeurs sont les seuls que l'on reconnaaisse comme indigènes. Les reptiles sont rares; les tortues cependant sont assez abondantes sur les côtes: la pêche de ces vivipares est l'occupation la plus ordinaire d'une classe d'individus. Plus nombreux sont les oiseaux qui sont des perroquets, ornés d'un plumage éblouissant et que l'on ne trouve que dans l'archipel fidjien.

Ce qui intéresse plus encore que la zoologie et la botanique de ce coin du globe, c'est indubitablement l'éthnologie, autrement dit l'histoire des habitants de ces îles. Si vous vout attendez, amis lecteurs, à voir une hideuse créature, aux formes couvertes de poils, aux dents pointues, aux yeux hagards et ensanglantés, détrompez-vous; le Fidjien n'habite pas une caverne, il est d'un physique agréable, et s'il se promène en état complet de nudité, c'est pour montrer sa belle taille, qui dépasse souvent un mètre quatre-vingts centimètres, et est d'une forme sculpturale. La jambe est solide, le torse large et effilé, la poitrine bombée, le cou bien attaché, le visage ovale. Si la bouche est grande, par contre les dents sont blanches et effilées, le nez bien fait, les narines et les lèvres épaisses sans être pour cela du type nègre de l'Afrique.

Mais la couleur de la peau est noire avec différentes nuances suivant l'individu, son âge et sa manière de vivre. C'est la couleur de la race ethiopienne. La chevelure est de teinte d'ébène, frisée, touffue, longue et retombant sur le front et le visage, qui, lui-même est recouvert d'une barbe pointue et de moustaches. Mais si ces cheveux sont naturellement noirs, les indigènes croient se faire bien plus beaux, en les teignant ou en les colorant en blanc, en rouge, en jaune, suivant la mode de la cour d'où vient « le vent » pour gonfler « la voile » sociale, comme cela existe partout sur la surface du globe.

Le commodore Wilkes, qui a exploré longtemps cet archipel, affirme que les cheveux des Fidjiens sont naturellement lisses, mais qu'ils deviennent frisés par les soins des barbiers indigènes. En cela, il est contredit par d'autres voyageurs qui déclarent que l'aspect crêpu des têtes des Fidjiens n'est pas une œuvre de l'art.

Les chefs, ajoute le commodore Wilkes, s'appliquent à donner à leur tête un aspect sévère et élégant. Tous entretiennent près d'eux un ou plusieurs *a-ou-ni-ulu* (lisez *un* ou *des* barbiers), spécialement attachés à leur personne, dont les soins sont exclusivement réservés au maître, et dont l'emploi est sacré, à ce point, qu'ils ne prennent pas eux-mêmes leur nourriture, mais qu'on la leur donne.

L'occupation de coiffer un chef dure plusieurs heures. Il faut que chaque mèche de cheveux se tienne droite à quinze ou vingt centimètres du crâne. La barbe est également peignée de façon a retomber sur la poitrine, et quand un Fidjien est bien « bichonné », il se croit le premier « moutardier du pape. »

Préalablement, cette crinière de cannibale a été soigneusement imbibée d'huile colorée; puis, à l'aide d'une épingle à cheveux, longue et flexible, il roule chaque cheveu, pour ainsi dire, de façon à crêper tout le chignon et à lui donner la forme d'une énorme perruque. Sur cet échafaudage énorme, le barbier étend une sorte de gaze légère destinée à préserver la coiffure de la poussière ou de l'humidité. Cette sorte de turban « le sola », est exclusivement réservé aux chefs, et si un *rai-si*, autrement dit un homme de rien, osait se friser de la sorte, il serait immédiatement puni de mort.

Le *sala*, quand on y fait attention, peut rester en bon état pendant trois semaines, un mois et on ne songe pas à renouveler la coiffure, à moins d'être forcé a enlever cette gaze. Mais les chefs importants et les « gommeux » Fidjiens, se font coiffer une fois, sinon plusieurs fois par jour.

Le costume indigène est beaucoup moins compliqué que ne le sont les ornements de la tête. Il consiste, pour les hommes, en une étroite bande d'étoffe qui est enroulée autour du buste de chaque individu ; les deux extrémités de l'étoffe retombent par devant et c'est à la richesse de ces bouts d'écharpes que l'on reconnaît le rang de celui qui la porte : il n'y a que les rois et les grands chefs qui aient le droit de les laisser tomber jusqu'à terre.

Le turban placé au-dessus du *sala* est encore une marque de grande élévation sociale : seulement chacun se coiffe à sa guise; il n'y a pas de mode pour cela.

Les vêtements des femmes consistent tout simplement en une ceinture ornée de franges, qui mesure de quinze à vingt centimètres; ceci est l'ornement des jeunes filles; mais, dès qu'elles sont mariées, la longueur du *likir* (tel est le nom de ce vêtement) augmente et descend jusqu'à mi-jambe. Les dames arrangent ce costume d'une façon très-élégante, et l'étoffe dont il est composé est faite avec des filaments divers des plantes textiles du pays.

Ajoutons en passant que le tatouage est chose convenue aux îles Fidji; mais bizarrerie singulière, les habitants ne se font des ornements que sur les parties cachées par leurs ceintures. Du reste, les femmes seules pratiquent cet art de se défigurer; les hommes le méprisent. Seulement, dans les grandes occasions, il se peignent le visage de la façon la plus étrange, avec des couleurs très-voyantes.

Les chefs et les rois se suspendent au cou des colliers de coquillages, de la circonférence d'une assiette, lesquels pendent sur leur poitrine et leurs épaules.

D'autres portent comme ornement des dents de baleines attachées ensemble. Ces dents, sculptées et appareillées, de manière à ressembler à des griffes de lion, font ressembler cet appendice du vêtement à celui que portent les Indiens Peaux-Rouges de l'Amérique du Nord, lequel est fait avec des griffes d'ours grizzly.

On voit quelquefois autour du cou de ces cannibales des colliers de dents humaines : ce sont les élégants du pays qui préfèrent ces ornements de la férocité à tout autre plus simple et de meilleur goût.

Qu'on ne s'imagine pas que le peu de vêtements portés par les Fidjiens a pour cause la pauvreté ou l'avarice, voire même la négligence de ces peuplades. S'ils ne sont pas plus couverts, c'est que le climat de ces îles est un printemps perpétuel et qu'il n'a nul besoin d'habits plus nombreux.

Tout en restant nus, les Fidjiens n'en ont pas moins des principes naturels de modestie et de décence. Le *malo* et *le liku* sont pour eux des vêtements indispensables, mais suffisants. Quiconque, homme ou femme sortirait de sa demeure sans en être revêtu, courrait risque d'être mis à mort.

En somme les Fidjiens, il faut l'avouer, ont certaines vertus qui font contraste avec leurs horribles coutumes.

Un missionnaire qui a longtemps vécu parmi ces sauvages, dit d'eux à ce sujet :

« Les Fidjiens sont intelligents et pourraient faci-
» lement être classés dans la famille humaine. Ils

» sentent vivement et rien n'est plus facile que de les
» émouvoir : mais ce sentiment est passager. Ils
» peuvent aimer et haïr avec force. Ils sympathisent
» très-sincèrement et feignent avec la plus grande
» ruse. Leur fidélité, leur loyauté sont excessives;
» mais s'ils veulent atteindre un but inavouable, ils
» useront de la plus grande adresse pour y arriver.
» Doués de sens parfaits, ils défient souvent l'intelli-
» gence du blanc le plus habile. Le tact est inné chez
» eux, leur ingéniosité parfaite pour trouver, inven-
» ter des outils, des moyens d'emballage qui embar-
» rasseraient un Européen. Pour eux, la nature est un
» vaste magasin qui leur fournit tout ce qui est néces-
» saire à l'existence, et où tout ce dont ils ont besoin
» se trouve à leur portée. »

En fait de diplomatie, les Fidjiens sont les hommes les plus expérimentés. Ils ne font jamais de visites inutiles, et s'ils s'expriment avec vous doucereusement, c'est qu'ils ont un but. Dans le cas où il ne leur serait pas possible d'arriver cette fois-là au point qu'ils veulent atteindre, ils se réserveront les moyens de réussir à une seconde visite. Ils découvrent avec sagacité le sujet de causerie qui doit séduire leur interlocuteur, comme aussi bien ils devinent si le silence convient mieux à celui-ci. Au moindre froncement des sourcils, ils ont compris ce qu'on veut ou ce qu'on refuse d'accorder. Plus l'affaire qui les a amenés près d'un blanc est sérieuse, moins ils ont l'air de s'en préoccuper, et ils remettraient l'aveu de cette affaire à une seconde, troisième ou quatrième, visite s'il le fallait, afin d'arriver plus sûrement à point et pour ne point échouer. Ils devinent le moment favorable et lisent dans la pensée, ils écoutent patiemment et, du bout du doigt, comprennent si le fruit qu'ils touchent est mûr ou si tout autre objet répond à leur besoin.

Quelle est l'origine humaine de ce sauvage? nul ne peut le dire. Les îles Fidji n'ont pas d'histoire, pas même de traditions. On ignore même à quelle race les Fidjiens appartiennent. Ils sont classés parmi les nègres Papous, auxquels ils ressemblent par la couleur de leur peau et par la frisure de leurs cheveux. Mais, pour le reste, il y a autant de différence entre eux et les naturels de l'Australie occidentale qu'entre les gros Lapons et les Norwégiens élancés.

C'est peut-être, après tout, à la meilleure nourriture, au climat tempéré, que les Fidjiens, doivent l'amélioration de leur condition humaine. Il n'y a rien de commun entre eux avec la race polynésienne répandue dans toutes les îles de l'archipel de la mer du Sud, qui diffère de ces sauvages par la forme, la couleur et le langage, et mieux encore par le caractère.

Je voudrais pouvoir décrire au long les mœurs, les coutumes, l'art de construire des maisons, de creuser des canots, de fabriquer des étoffes, de cultiver les champs, de façonner des armes de guerre, de pratiquer la religion et de se tenir à la cour du roi des Fidjiens de l'archipel qui porte leur nom; mais l'espace me manque.

Je me contenterai de raconter que ces peuples sont eux-mêmes les inventeurs de tout ce qui leur est particulier. Les maisons bâties par les indigènes sont solides et appropriées à leurs usages. Leur élévation est de trois mètres, sur une longueur de huit et une largeur de quatre et demi.

Il n'y a qu'une seule pièce intérieurement, mais à l'une des extrémités se trouve une partie plus élevée, bien souvent ornée par un rideau de toile agrémentée d'ornements, sous laquelle se trouvent placés les lits des propriétaires.

La maison est oblongue, les murs construits avec des billes de bois de toutes essences, cocotiers, bambous, ébéniers, arbres à pins, sont perfertionnés avec des feuilles d'arbres filamenteuses. à l'aide desquelles chaque propriétaire a bouché les interstices. La toiture est à quatre pans, goudronnée et descendant très-bas en avant, de façon à servir de vérandah pour se préserver du soleil ou bien d'auvent contre la pluie. Au centre de cette maison, on voit s'élever un mât couvert de coquillages blancs de l'espèce nommée *cyprea ovula*. Cet aspect pittoresque est, en quelque sorte, gâté par l'exiguïté des portes, qui ont tout au plus un mètre de haut. Il y en a généralement deux à chaque maison.

La petitesse de ces ouvertures a pour cause l'habitude du crime des Fidjiens, qui sont très-souvent postés derrière leur porte avec une massue à la main, dans un but de meurtre; et c'est pour arriver à ce but qu'il fait baisser la tête au visiteur. De cette façon, le coup qu'il veut porter sera plus sûr.

Le palais des chefs et la grande salle du Conseil

qui sert de temple (lequel est nommé Buré), sont construits dans le même style ; avec cette seule différence, que les proportions sont plus vastes et que les portes, les poteaux, les poutres sont ornementés différemment que les autres. Le décor de ces demeures fidjiennes consiste en ligatures de fil de coco « le sinnet », qui sont d'une régularité parfaite.

Ce genre d'habitation n'est cependant pas complètement propre à toutes les îles Fidji. Le style architectural des îlots placés sous le vent, diffère de celui des îles situées au nord. Mieux encore, la construction est plus fantaisiste.

Là, vous trouvez tout un village qui ressemble à un amas de paniers renversés.

De l'autre côté, à quelques lieues plus loin, ce sont des tonnelles rustiques qui s'offrent à votre vue.

Plus loin, voici un bourg que l'on prendrait pour une agglomération de meules de foin et de paille, percées de trous sur toutes les faces, et ailleurs la forme de ces demeures ressemble à un cône. Eu égard à cette variété, il paraît impossible de décrire bien exactement l'architecture des Fidjiens : elle est multiple.

Une semblable variété se retrouve dans les instruments et les ustensiles de ménage de ces habitants des îles Fidji. Tout d'abord, je dirai qu'on ne rencontre jamais dans les maisons, des chaises, des tables et des lits. La couchette du Fidjien consiste tout bonnement dans un tapis épais, placé sur une estrade devant laquelle retombe un rideau. Ces tapis, ou plutôt ces paillassons sont d'une finesse excessive, que l'on ne peut imiter dans aucun pays du monde. La matière employée est l'écorce émiettée du tilleul hibricus, du *pandanus audorantitrinus* et d'un roseau particulier.

Ces tapis ou paillassons se trouvent en très-grand nombre dans l'intérieur des maisons : les plus pauvres Fidjiens eux-mêmes en sont pourvus et on se sert de ces objets pour servir de voiles aux embarcations immenses qui flottent sur ces mers paisibles.

Dans ces demeures sauvages, on aperçoit encore des paniers de toutes les formes, des rideaux de *capa* et des oreillers de *dowuy*, sorte de morceau de bois, creusé en demi cercle, bien poli, dont le but est de contenir la tête de celui qui va dormir, afin que sa coiffure ne soit pas dérangée.

Le Fidjien préfère rester ainsi, mal à son aise, plutôt que de sacrifier à sa vanité la démolition de l'échafaudage de son chignon.

Ajoutons à ces paniers et à ces ustensiles domestiques, des vases en terre destinés à tous les usages. Terrines, poêlons, plats, coupes, saucières, dame-jeanne et bouteilles, tous d'une forme bizarre, excentriques et fort bien dessinés, agrémentés d'un vernis tiré de la gomme du pin *fauri*, qui est originaire de l'archipel fidjien.

Il est bon d'ajouter que ces sauvages ignorent l'art du tourneur, ce qui n'empêche pas que cette faïence soit polie comme si elle sortait des manufactures de Gien ou de la rue Paradis-Poissonnière, à Paris.

On découvre également dans ces maisons, des marmites énormes, qui peuvent contenir d'énormes morceaux de viande... disons plus tôt de chair humaine. Horrible! horrible!

Viennent ensuite les instruments aussi nombreux et aussi bizarres destinés, les uns à des travaux de manufacture, les autres à la culture des terres. Ces derniers sont d'une simplicité primitive : un bâton appointé pour piquer le sol et retourner les mottes de terre, qu'ils écrasent avec la main pour en émietter les parcelles. Ce procédé quoique lent n'empêche pas les Fidjiens d'avoir de magnifiques jardins.

Un seul are de terre aux îles Fidji, vaut mieux qu'une cinquantaine d'hectares en France ou en Angleterre. Mais ne vous imaginez pas que le Fidjien garde pour lui tout ce qu'il récolte. Les quatre cinquièmes des produits de sa sueur sont acquis, par la taxe, la dîme, les impôts, à son souverain. En somme, le plus grand nombre de ces sauvages est cannibale, soumis à l'esclavage et réduit à la misère.

Tous sont forcés d'obéir aux caprices des maîtres, des seigneurs et du roi. Mais par contre tous les seigneurs sont les serfs du souverain, qui les assomme physiquement et moralement suivant son bon plaisir.

Il y a huit rois dans les îles Fidji. Ils habitent chacun une île particulière; et chacun a sous sa dépendance un groupe d'îlots habités par ses sujets. Tous sont alliés les uns aux autres ; mais, le cas échéant, ils se font la guerre, et c'est le plus fort qui est souverain à son tour sur le territoire du vaincu.

XVII

LES TONGUIENS DES ILES DES AMIS.

C'est le grand navigateur Cook, qui a ainsi nommé les habitants du groupe des îles Tonga; il n'avait point découvert le premier le coin du globe, mais il l'avait exploré avec le plus grand soin.

C'est à Tasman que l'on doit réellement attribuer la découverte, en 1643, de cette partie des terres de l'archipel indien, quoiqu'il soit présumable que, bien avant lui, certains aventuriers espagnols du Pérou eussent déjà touché a ces îles. Mais Tasman est le premier qui publia un compte-rendu de sa visite : c'est donc à lui que revient l'honneur de cette découverte, comme aussi de celle de l'Australie, de la Nouvelle-Zélande, de la Terre-de-Van-Diémen et d'autres îles bien connues, situées dans les eaux du sud-ouest du Pacifique.

Tasman baptisa trois des îles Tonga des noms d'Amsterdam, Rotterdam et Middlebourg ; mais fort heureusement les géographes en ont usé très-cavalièrement avec ces appellations et ont, à l'exemple de Cook, rendu aux habitants des îles Tonga le seul titre qui leur convienne : « les îles des Amis », eu égard à la mansuétude du caractère de ces peuplades, à l'époque où les Européens se présentèrent sur leurs rivages hospitaliers.

Toutefois, si Cook avait su d'abord ce qu'il apprit

ensuite sur ce pays, s'il avait seulement visité les deux cents îles qui forment cet archipel, il eût changé d'idée et eût qualifié cette partie de l'Océanie : les îles Ennemies ou plutôt « le pays des cannibales. »

La situation topographique des îles Tonga est à la latitude de 20° sud, par la longitude de 175° ouest. Cette ligne divisionnaire coupe pour ainsi dire en deux Tofoa, l'île principale du groupe. Le point central peut être pris à 5° est et a 2° sud du centre des îles Fidji. Les îles les plus proches des deux archipels que nous venons de nommer, se trouvent à environ trois cent milles de distance.

Nous ferons seulement observer que les îles Tonga ont cet avantage sur les autres groupes, d'être au-dessus du vent. Le commerce se porte vers ces parages et l'on peut dire en parlant de Tonga et des Fidji, que l'on « descend » vers les unes, et que l'on « remonte » vers les autres. Aussi, bon nombre de Tonguiens entreprennent-ils des voyages vers les îles Fidji, où bon nombre de leurs compatriotes se sont établis, tandis que très-peu de Fidjiens résident aux îles Tonga. D'autre part, les habitants de ce dernier archipel sont des navigateurs plus hardis, et quoique les Fidjiens soient les meilleurs constructeurs de canots de tout l'océan Pacifique, ils ignorent l'art de conduire leurs embarcations et n'ont pas l'audace de se risquer en pleine mer.

C'est aux matériaux sans pareils pour les constructions navales, qu'est due la supériorité des Fidjiens dans l'art de façonner leurs « navires », car telle est la qualification la plus propre à ces grandes embarcations. S'ils ne sont pas de grands navigateurs, les habitants des îles Fidji sont très-intelligents pour le commerce, sans être cependant de beaucoup supérieurs aux peuples des îles des Amis. De nos jours, du reste, ces populations n'ont rien a envier à leurs voisins. A vrai dire, si les Tonguiens s'adressent aux Fidjiens pour leurs grandes embarcations, c'est parce que les bois de construction sont préférables dans cette partie de l'Océanie. De telle sorte que l'on voit des Tonguiens fabriquer eux-mêmes des barques dans les îles Fidji et se montrer aussi habiles que les Fidjiens dans l'art de procéder à ces travaux.

Les rapports que ces échanges de commerce ont amenés entre les Tonguiens et les Fidjiens, ont introduit chez les premiers des vices moraux qu'ils ne connaissaient point. Si leurs travaux manuels se sont améliorés, leur innocence relative a été grandement entamée. La vertu fait d'ordinaire moins de prosélytes que le vice. C'est ainsi que les Tonguiens ont pris aux Fidjiens leur goût pour la guerre et pour la chair humaine, et que le cannibalisme s'est introduit chez ces peuplades, qui, de très-douces, sont devenues fort méchantes et ont consacré le massacre des ennemis prisonniers comme un point de droit. Par bonheur, l'intervention des missionnaires est venue mettre un terme à ces horribles penchants, qui disparaissent tous les jours peu à peu.

L'archipel tonga est bien moins considérable que celui des Fidjiens. On compte à peine cinq ou six îles qui méritent d'être signalées, et Tonga-Tabou, qui est la principale, a tout au plus de quarante à quarante-cinq kilomètres de circonférence. De l'île d'Eou au sud à celle nommée Navaou, située au nord, cette agglomération d'îles est renfermée dans un périmètre de cinquante à soixante milles de tour.

Quelques-uns des îlots minuscules tels que Kao, ne sont que des rocs à pic d'environ six cents pieds d'élévation, se dressant à la surface de la mer. Par contre, Tofoa, située à l'est, ressemble à une vaste table se dressant au-dessus du niveau de la plaine liquide.

La plupart de ces îles sont recouvertes d'une végétation luxuriante, produit de la nature et de la culture. Là se trouvent les cocotiers et trois espèces de palmiers, le pandanus, diverses variétés de l'arbre à pain, des bananiers, des plantins, des dracœnas, des mûriers à papier, des cannes à sucre, des ignames, les arbres qui produisent le *turmeric* (curcuma) et le *casuarina*, sans compter cent autres variétés de plantes, d'arbustes, dont la racine ou les fruits sont très-recherchés, dont les bois ont une grande valeur, dont les branches, l'écorce et les feuilles sont un objet de commerce.

Le paysage de ces deux groupes d'îles est le plus beau que l'on puisse rêver; aussi, nous ne ferons pas de différence entre le pittoresque des Tongas et le grandiose des Fidji. La beauté du climat, le calme de ces archipels, tout concourt à exciter l'admiration des voyageurs qui ont touché ces parages, nommés par eux : « la demeure des peuples bénis du ciel. » Lorsque

Tasman débarqua dans cet archipel, peut-être des habitants méritaient-ils plus encore que de nos jours cette qualification. Le navigateur ne vit chez les Tonguiens, ni armes, ni instruments meurtriers destinés à la guerre; tandis que, cent ans après, lorsque le célèbre Cook arriva à Tonga, il trouva tous les habitants munis de massues de bois, de fer et de lances pareilles à celles dont se servent les Fidjiens et indubitablement fabriquées par eux.

L'aspect des Tonguiéns, ne diffère pas d'une façon remarquable de celui des peuplades du sud de l'archipel océanien. Toutes font partie de la race polynésienne, au teint bronzé, aux yeux doux, aux formes d'un galbe caucasien.

Tout porte à croire que cette race vient de l'Amérique du Nord, et que ce sont les Californiens, qui ont peuplé les îles des Amis et non point ces derniers qui ont émigré sur le continent américain.

Les habitants de l'archipel de Tonga, offrent à la vue les plus beaux types humains de l'Océanie. Si les hommes sont d'une admirable structure, les femmes possèdent certainement une beauté de formes, une élégance de taille et une aristocratie de lignes, qui l'emporte sur toutes les créatures du même sexe d'Otaïti et de la Nouvelle-Zélande.

Les peuples de l'île des Amis, sont de grande taille: on en voit quelques-uns ayant deux mètres de hauteur. Mais ce qui les distingue de toutes les autres races, c'est la petitesse de leurs pieds et la finesse de leurs mains.

Rien ne serait plus difficile que de décrire exactement les traits des Tonguiens, qui varient dans chaque individu, comme partout dans les cinq parties du monde. On peut dire cependant que leurs lèvres n'ont point le type nègre et que leur nez est arrondi par le bout chez un grand nombre, aquilin chez d'autres, tandis que le type italien se montre chez quelques-uns. Le teint des femmes offre une nuance plus pâle que celle des autres nations polynésiennes. Quand les enfants viennent au monde, ils sont presque blancs et ne brunissent qu'en avançant en âge. C'est le soleil qui produit ce changement de couleur, car à peine les Tonguiens peuvent-ils marcher, qu'ils restent dehors toute la journée.

Les yeux des Tonguiens sont d'une pureté admirable et leurs dents blanches comme de l'ivoire. Cela n'est pas, du reste, chez eux une exception, car tous les habitants de l'Océanie et même les Fidjiens sont doués de ces deux qualités exceptionnelles qui complètent la beauté humaine. Mais ce que l'on remarque surtout chez les Tonguiens, ce sont les cheveux souples, onduleux, tandis que ceux des autres peuplades sont crépus et rudes. Les uns ont la chevelure lisse, les autres ondulée comme chez les Européens.

Ces cheveux sont d'un noir de jais et il est fort regrettable que les Tonguiens se les teignent avec de la terre jaune, ou bien rouge ou orange. La première teinte s'obtient à l'aide de corail calciné, la seconde au moyen d'une teinture végétale comme aussi la nuance orange, que les femmes et les enfants portent de préférence. Les Fidjiens sont aussi très-disposés à se nuancer les cheveux, si bien que l'on ignore quel peuple a introduit cette mode chez l'autre. On assure, du reste, que ces moyens sont indispensables pour chasser les insectes désagréables de la tête de ces insulaires.

La façon de se coiffer est également une des curiosités des peuplades tonguiennes. Les uns coupent leurs cheveux très-courts d'un côté de la tête, laissant l'autre côté couvert de cheveux très-longs ; les autres pratiquent une espèce de tonsure ou bien se coupent quelques mèches de cheveux. Il en est cependant qui laissent croître leur ornement chevelu, et ce sont ceux-là qui passent pour avoir le meilleur goût.

L'usage de se raser, quoique bien inutile, eu égard à l'absence de barbe, existe pourtant chez les Tonguiens, qui se taillent le poil avec des coquillages très-affilés. L'une de ces coquilles-rasoirs est placée sur la peau et remplace le peigne, tandis que l'autre sert à couper les poils. La profession de barbier existe donc à Tonga et ceux qui l'exercent sont très-habiles, à ce qu'affirment les hommes qui emploient leurs services.

Le costume des Tonguiens ressemble particulièrement à celui des habitants d'Otaïti ; il consiste en une sorte de jupon, servant indistinctement aux hommes et aux femmes, et connu sous le nom de *paréou*. Le *paréou* est confectionné avec le *tapa*, sorte de feutre fabriqué dans le pays au moyen de l'écorce du tapier.

Sa coupe est des plus primitives, et chacun peut façonner lui-même son *paréou* : il s'agit tout simplement de plier dans sa longueur la pièce d'étoffe, de l'enrouler jusqu'à la moitié de sa largeur, de telle sorte qu'une partie forme un jupon, et que l'autre partie, retenue sur les hanches, puisse se dérouler et former ainsi une sorte de capuchon. De sorte que le *paréou*, employé comme couverture de convenance pendant le jour, peut servir pendant la nuit à préserver le corps de la piqûre des marnigoins qui infestent les îles des Amis.

Ce vêtement tonguien ne se fait pas seulement avec l'écorce du *tapier*, on emploie également des tissus de *pandanus*, enrichis de broderies et de plumes rouges, qui sont d'une très-grande beauté. Les classes pauvres se recouvrent le corps d'étoffes plus rudes, fabriquées avec l'écorce de l'arbre à pain. Cela s'appelle le *malo*, le *maro* ou le *majo*, dans le pays, au dire des différents voyageurs.

Les Tonguiens marchent la tête nue. Seuls, les grands chefs portent des coiffures de plumes, mais seulement dans les grandes occasions. Ce couvre-chef ressemble à un bandeau dont les ornements sont plus serrés sur le devant que sur le derrière. Ce sont de ce côté des plumes de *phaeton ethereus* (paille en queue) et sur le front des plumes de perroquet brillant d'un rouge écarlate.

Les femmes remplacent ces ornements factices par des fleurs naturelles, celles de l'oranger particulièrement. Leurs boucles d'oreilles sont façonnées avec un morceau d'ivoire de cinq à six centimètres qu'elles passent dans le lobe de l'oreille à travers deux fentes pratiquées à cet effet; de sorte que le morceau d'ivoire se tient horizontalement. Les colliers sont également en usage à Tonga : ils sont faits de coquillages à la nacre brillante, ou de graines de pandanus. Un bracelet de nacre irrisée complète la parure des riches tonguiennes.

Les hommes seuls se tatouent, mais la poitrine seulement, jamais les bras ni les jambes. Cette mode, d'ailleurs, est particulière aux peuples hideux de formes, ce qui n'est pas le cas chez les Tonguiens. Quant aux femmes, leurs seules marques de tatouage sont quelques traits placés dans la paume de la main. Les peintures à l'aide de craies de couleurs diverses, ne sont pas non plus de mode. Les Tonguiens se contentent de s'oindre le corps d'huile de coco, parfumée avec le suc de fleurs odorantes, qu'ils font macérer dans ce liquide onctueux. Mais ce genre de toilette est fort cher et les Tonguiens pauvres ne peuvent se payer ce luxe là.

Toutefois la propreté est une habitude chez toutes ces peuplades, qui se baignent très-souvent dans l'eau tranquille. Les bains de mer ne sont pas considérés par eux comme aussi bons que les premiers, car ils prétendent que l'eau salée enlève à la peau sa finesse, aussi se hâtent-ils de se tremper dans les ruisseaux de l'intérieur, quand ils ont été forcés de se jeter dans l'Océan.

Les habitations des Tonguiens sont très-primitives.

Ils dressent des troncs de palmiers et jettent au-dessus une toiture de branches et de feuilles de palmier, de pandanus, et de canne à sucre ; les côtés sont ouverts à tout vent. Seuls, les chefs et les gens riches couvrent les côtés de ces abris avec des nattes de *pandanus*, qui servent aussi, à l'intérieur, de tapis de pied et sont ornées de dessins de toutes couleurs. Les tables, les chaises, sont inconnues. Les hommes s'asseyent par terre à la mode orientale et les femmes se couchent à demi en appuyant la tête sur leur coude. Quant aux séparations intérieures, elles sont faites à l'aide de nattes suspendues au plafond et descendant jusqu'au sol.

Les ustensiles de ménage se composent de calebasses, de noix de coco et de nombreuses corbeilles, tressées avec la plus grande habileté.

Le tabouret-oreiller est également en usage chez les Tonguiens ainsi que des instruments de musique : tels que la flûte de nez, dont on se sert en soufflant avec les narines, et des tambours faits avec des troncs de bambous. Parmi ces instruments, on remarque des assommoirs, des lances, des piques, des arcs et des flèches ; mais ces dernières sont employées pour la chasse aux oiseaux et aux rats, qui sont fort nombreux et détruisent les récoltes.

La nourriture particulière des Tonguiens consiste dans le cochon, de l'espèce répandue dans l'Océanie ; le chien et les volailles sont très-abondants partout.

Parmi les végétaux aimés par les Tonguiens, on cite l'igname, le pain de l'arbre de ce nom, les taros, les plantins, les patates et de nombreux tubercules de plantes qui abondent dans ces îles.

Le poisson forme aussi une partie du menu journalier. La boisson ordinaire est l'eau, à laquelle on peut ajouter le *kava*, sorte de jus extrait de la racine du poivrier écrasée; ils le boivent lorsqu'ils veulent s'enivrer, pour se procurer un plaisir passager; les femmes font la grimace en ingurgitant cette liqueur, qui est, du reste, fort âpre et peu ragoutante.

La vie est fort douce à Tonga, surtout quand on ne songe point à la guerre entre voisins. Ces braves insulaires se rendent à la pêche, ou bien ils cultivent leurs champs. Les femmes ne sont point esclaves des hommes; on ne les accable point de travail, comme cela se passe parmi les nations sauvages ou a demi civilisées. Les Tonguiens partagent avec leurs femmes les labeurs et les plaisirs. Ils mangent avec elles, et trouvent de l'attrait a leur conversation.

Dans les fêtes qu'ils organisent, leur bal proprement dit, les femmes jouent un grand rôle, et l'on peut dire que ces parties de plaisir offrent un coup d'œil unique par leur façon de danser, qui est réellement très-élégante.

Les travaux des champs faits par les Tonguiens sont fort remarquables et les cultures sont généralement entourées de haies, faites avec des roseaux et s'élevant à deux mètres de haut. Entre chaque plantation on trouve des sentiers servant de chemin. C'est au milieu de ces champs que l'on trouve les habitations, abritées par des arbres superbes, appartenant à la flore des tropiques.

Les Tonguiens s'occupent non-seulement de ces travaux d'agriculture, mais encore à la construction de leurs canots; ils sont habiles à fabriquer des corbeilles, des joujoux en bois sculpté, avec lesquels ils amusent les enfants, et excellent à préparer les coquillages pour les échanges à faire. Ce sont les femmes qui fabriquent les draps appelés *tapa*, destinés aux vêtements et portés dans toute la Polynésie.

Cette fabrication n'est pas aussi facile qu'on pourrait le croire, surtout en l'absence de métier à tisser. L'écorce d'*arbre malo* ou de *murice* à *papiu*, si on l'aime mieux, est détachée par de longues bandes et macérées dans l'eau pendant assez longtemps, de façon à ce que l'on puisse enlever facilement la partie rude avec une coquille destinée à cet usage. On frappe alors le *mati* « autrement dit l'écorce » avec un instrument appelé *iki*, sorte de maillet ou plutôt de battoir. Le gluten contenu dans cette écorce sert d'aprêt, joint à la colle de *taro* ou d'*arrow-root* bouilli. C'est de cette façon que l'on rajoute les morceaux bout à bout de manière à allonger la pièce, qui atteint quelquefois plus de dix mètres de longueur.

Les femmes exercent alors leur habileté à orner ces pièces d'étoffe de dessins, d'ornements bizarres, rouges, noirs, blancs, faits au moyen de quelques tiges de bambous, de feuilles de cocotiers sur lesquelles elles frottent de la matière colorante : *lauci* « *alourites triloba*. » Tout ce qui est compliqué par les dessins est imprimé en relief et le pinceau ajoute la dernière main à ce qui n'a pas été régulièrement achevé.

Tandis que les femmes se livrent à ces occupations, les hommes confectionnent des armes, avec lesquelles ils attaquent, à l'occasion, leurs voisins, et qui leur servent à se défendre, si, au contraire, ils sont attaqués. Cet esprit belliqueux a été introduit dans l'île de Tonga par les Fidjiens, dont l'ambition et la jalousie sont poussées aux plus haut degré. D'autre part, les Tonguiens admirent les actions d'éclat de ces cannibales, qui ont du moins un honorable but, en déclarant la guerre à leurs voisins, celui de les manger.

Les missionnaires arrivés ensuite dans cet archipel y ont introduit les principes de Mahomet, qui voulait que la foi fut propagée au moyen de l'épée. Biartot, un usurpateur qui a cherché à se faire nommer chef de tout le groupe des îles des Amis, a accepté les principes des missionnaires, si bien que cette peuplade, auparavant si paisible, est divisée en deux partis : celui du christianisme et celui du paganisme. Ce dernier parti doit être forcément soumis à celui des missionnaires. Jusqu'à ce moment les règlements préconisés par les méthodistes ont forcé les Tonguiennes à se couvrir les épaules et à défendre aux hommes l'usage du tabac, sous les peines les plus graves.

Cette défense de fumer est une des pl s terribles punitions affligée aux pauvres Tonguiens qui sont passionnés pour l'herbe de nicot, et ne comprennent pas qu'on les ait ainsi molestés.

Lorsque le commodore Wilkes arriva aux îles Tonga, il y a peu d'années, il trouva les choses dans cet état de crise, mais ayant compris que le « parti du diable » était le plus juste, il refusa d'intervenir. A vrai dire, s'il avait suivi son bon mouvement, il eut fortement indigné la chrétienté.

Peu de temps après le départ des navires américains, on vit un vaisseau de la marine anglaise, commandé par le capitaine Crooker, qui se mêla de ce qui ne le regardait point. Il fut puni cruellement de cette immixtion, par le massacre de son équipage et par sa mort, malheureusement trop méritée, car il s'était mêlé de ce qui ne le regardait point.

Et cependant ce même capitaine Crooker, avait assisté sans mot dire à des scènes de cannibalisme, en se réfugiant derrière le système de « non intervention » ; système hypocrite s'il en fut jamais et bien digne de la réprobation universelle.

XVIII

LES BOSCHIMEN DE L'AFRIQUE

Il n'y a pas, à proprement parler, en Afrique, de contrée qui soit spécialement le pays de cette race jaune, si étrange, que l'on a souvent taxé d'exagération les récits des premiers voyageurs qui nous ont parlé d'elle. Les Boschimen ne sont pas un peuple; ils sont une race et bien digne de la curiosité qui s'est attachée à eux; les nouveaux détails que nous avons pu recueillir sur eux ne font qu'ajouter au merveilleux des premières descriptions qui, déjà, avaient passionné les esprits curieux à leur sujet.

Ayant quelque analogie avec nos Bohémiens, sinon pour l'origine, au moins pour le genre de vie errante, les Boschimen se trouvent répandus en Afrique sur l'étendue de 15 degrés de latitude; mais le désert est toujours leur lieu de séjour préféré. On les trouve dans la Cafrerie et, de là, jusqu'aux rives de l'Atlantique; et, dans le sud, du 20° degré de latitude jusqu'à la colonie du Cap. Lès découvertes de Livingstone qui a trouvé au-dessus de cette latitude, non des plaines sablonneuses, mais un véritable pays fertile et coupé de cours d'eau, permettent d'affirmer que, contrairement à la croyance répandue chez certaines personnes, les Boschimen ne dépassent pas au nord le vingtième parallèle. En revanche, on les a trouvés récemment dans la terre de Kalahari et parmi les Damaras, bien au-dessus du fleuve Orange qu'on croyait être de ce côté leur limite. Leur territoire principal dans cette région est situé dans ces torrents désolés et ces montagnes dénudées où le fleuve Orange prend sa source. Du côté du Cap, où longtemps on vit leurs établissements nomades, ils ont eté refoulés, se sont même parfois croisés avec la race indigène et n'occupent plus guère l'intérieur de la province.

Quoique l'origine des Boschimen semble incertaine, on les rapproche de la famille hottentote, dont on les considère volontiers comme un rameau, et cependant, malgré bien des points de contact, quelle différence entre les Hottentots et la petite race sauvage qui nous occupe, ne fût-ce qu'au point de vue de la taille ! Tandis que les premiers ont la taille moyenne et plutôt grande, les seconds restent d'une petitesse presque inconnue. Les hommes ont à peine un mètre trente centimètres, et ne dépassent jamais dix centimètres en plus. Quant aux femmes, toujours plus petites que les hommes, on en voit souvent qui ne comptent pas plus de un mètre vingt centimètres. La taille des Boschimen a pourtant été l'objet de controverses ; tandis qu'un grand nombre de savants voyageurs ont donné les mesures que nous reproduisons des individus de cette race, Livingstone a prétendu en avoir rencontré qui comptaient un mètre quatre-vingts centimètres. Mais rien ne prouve que ceux-là fussent de vrais Boschimen.

Le Boschimen est foncièrement malpropre ; aussi est-il à première vue assez difficile de se rendre compte de la nuance de sa peau. Il s'enduit du haut en bas du corps de tous les résidus qui peuvent lui rester après les doigts, ce qui fonce sa couleur d'une couche épaisse de crasse. Sous cet enduit visqueux auquel, quand il rêve propreté, il ne sait, dans son ignorance de tout lavage, substituer qu'une couche de terre rouge dont il se barbouille des cheveux aux talons, la peau du Boschimen est d'un jaune brun analogue à celle du Chinois. Il a encore de celui-ci la conformation des yeux et leur expression. Il en diffère essentiellement par la chevelure qui, au lieu d'être longue et droite comme les cheveux asiatiques en général, est formée de petites houppettes disséminées sur le crâne à intervalles inégaux. En cela, cette curieuse coiffure frisottée diffère bien aussi de celle des peuples indigènes de l'Australie et de l'Afrique, qui ont une épaisse toison laineuse. Noirs par nature, les flocons de cheveux qui ornent le chef du Boschimen arrivent par l'usage de la terre rougeâtre dont il les enduit à une couleur d'ocre.

Jusqu'à seize ans environ, le Boschimen est en croissance ; pendant cette période, il semble bien fait et vigoureux. Mais quand il a atteint sa performance, il commence aussitôt à dépérir, au moins en apparence. Son embonpoint disparaît, ses chairs se fanent, ses attaches deviennent proéminentes à côté de membres tellement amaigris qu'on croirait voir des bâtons reliés par de grosses boules ou par d'informes nodosités. Plus il avance en âge, plus la peau se ride hideusement, tombant même par écailles. Toujours imberbe, le Boschimen a les lèvres beaucoup moins épaisses que celles des nègres ; son front est fuyant, ses yeux allongés en amande ; les pommettes de ses joues forment relief à côté d'un nez épaté et camard. Ce qui est le plus étonnant dans sa physionomie, c'est sa dentition blanche et bien ordonnée ; mais par une bizarrerie de la nature les dents de notre intéressant petit sauvage ne tombent pas et ne se déchaussent pas ; elles s'usent comme celles des herbivores et des ruminants.

Qui croirait, après la description que nous venons de faire de cette étrange race, qu'on pût s'attendre à trouver chez les jeunes filles boschiwomen une certaine gentillesse relative, due plutôt à l'expression de leur physionomie, et surtout à la parfaite proportion de leurs membres dans la jeunesse, qu'à une véritable beauté ? Leur pied entre autres atteint une charmante perfection, et, cent fois plus heureuses que les Chinoises, elles n'ont besoin de recourir à aucune déformation. Fait à peindre, le pied des jeunes filles ne dépasse pas dix à quinze centimètres.

Le vêtement des Boschimen est d'une simplicité rudimentaire. Pour les hommes, un petit morceau de peau de chacal, placé par devant en guise de tablier ; pour les femmes, une parure analogue, mais composée de languettes de cuir tombant jusqu'à leurs genoux. A part cela, la nudité absolue. Parfois seulement le Boschimen prend et jette sur son dos une sorte de manteau appelé *kaross*, formé d'une peau de bête. Chez les femmes, ce vêtement est muni d'un sac en forme de capuchon, dans lequel elles placent leurs jeunes enfants.

Brave dans une certaine mesure, intelligent, et, dans tous les cas, d'une activité qui le fait différer profondément du Hottentot, dont la mollesse forme le caractère, le Boschimen fait lui-même ses armes assez simples de forme, non qu'il manque d'habileté, mais surtout parce qu'il tient aux moyens de défense qui lui paraissent les plus efficaces. Les flèches empoisonnées, il les décoche sur ses ennemis les Boërs, les persécuteurs de sa race, jusqu'au bout de ses forces, sachant bien que ceux-ci ne lui accorderont aucun merci.

D'ailleurs, ce n'est pas seulement à sa défense que notre sauvage emploie ses armes ; comme il n'a ni troupeaux ni connaissances agricoles, c'est à la chasse qu'il applique toutes ses capacités. Il lui faut même déployer une véritable adresse pour se rendre vainqueur du gibier assez rare qu'il trouve dans les fourrés voisins du désert, et qui ne consiste pas seulement en gazelles et en antilopes, mais encore comprend les autruches, les zèbres et même les rhinocéros. L'hippopotame, lui aussi, est l'objet d'une chasse spéciale dans les cours d'eau où le Boschimen le rencontre. Mais sa vraie proie habituelle est l'autruche. Pour la surprendre, notre homme, grâce à sa taille minuscule, se cache sous la peau même d'une autruche qu'il a tuée, et attend la venue des autres oiseaux pour leur décocher, avec son petit arc fragile, une flèche empoisonnée qui manque rarement son but. Suivant, d'autre part, l'autruche à la piste sur le sable, il arrive jusqu'à son nid et, quand les oiseaux sont absents, va en dérober les œufs qui sont un de ses mets favoris, en même temps que leurs coquilles, il crée les ustensiles de son petit ménage.

La chasse aux autres animaux, ceux du désert, tels que le couagga et le zèbre, ceux des oasis, comme le rhinocéros et même l'éléphant, le Boschimen la tente, grâce à des fosses habilement creusées, puis dissimulées sous des baguettes et des branchages, sortes de piéges dans lesquels, une fois l'animal tombé, il se trouve pressé de manière à ne plus pouvoir en sortir. Mais comme la confection de ces fosses lui donne beaucoup de peine et ne lui porterait pas toujours un suffisant profit, toute la tribu est alors convoquée : femmes, enfants, vieillards, tout le monde concourt à élever une faible muraille construite de tous matériaux, même des plus fragiles, et où sont de temps à autre percées des portes correspondant aux piéges recouverts artistement de sable et de gazon. Sauf l'éléphant, qui est défiant par nature, les autres animaux s'y engagent, et les Boschimen, qui les guettent à quelque distance, leur arc à la main, leur décochent alors des flèches composées d'un roseau, ayant à une de ses extrémités quelques barbes de plume d'autruche, à l'autre un os aiguisé en forme de dard et trempé dans le poison.

Ce poison dont le sauvage enduit ses flèches et ses *asségaïs*, sortes de javelots qu'il lance avec la main, est une partie de l'art du Boschimen ; il le tire des trois règnes : animal, végétal et minéral.

Au premier, il emprunte le venin des reptiles et notamment de la vipère cornue et de l'*haja-najé*. Au second, il demande l'*amaryllis disticha* l'*euphorbe* et la noix du poison-du-loup. Au troisième, il prend une sorte de bitume qui fixe le poison. C'est grâce à cette préparation qu'il donne à ses armes leur terrible effet, effet qui lui sert aussi bien à la chasse qu'à la guerre, car il est toujours sur la défensive. En effet, lorsque ses aliments ordinaires lui manquent, il a recours au pillage, et ce n'est pas seulement aux Boërs, qui paraissent ses constants oppresseurs, qu'il déclare une hostilité qu'il semble réserver de préférence pour les Hottentots, que l'on veut prétendre appartenir à la même race que lui. Quand donc la chasse n'a produit pour lui aucun résultat, et dans le cas d'extrême nécessité, il se dirige par surprise vers une habitation de Cafre, de Boër ou de Hottentot, voisine de la sienne, et y dérobe nuitamment les troupeaux. Quand le larcin est découvert, les habitants de la colonie se mettent à la poursuite des pillards. Si ceux-ci ont déjà atteint leurs rochers, leur poursuite devient presque impossible, et c'en est fait de toute revendication et de toute vengeance. En plaine, les chances sont plus inégales. Malgré l'incroyable adresse des Boschimen et leur vitesse égale à la course de l'autruche, ils ne peuvent lutter avec leurs flèches contre les fusils à longue portée de leurs adversaires, à moins que la plaine elle-même ne soit coupée de crevasses et de ravins qui protègent leur retraite. En tout cas, les colons rentreront rarement en possession de la plus grande partie de leur bétail, car, au fur et à mesure qu'ils approchent, ils voient tomber sous les asségaïs et les flèches les cadavres de leurs bestiaux; d'une autre part, si les Boschimen pillards ont pu échapper à la poursuite des Boërs jusque dans leurs rochers, ils savent, en faisant avancer le troupeau à la manière des chiens de bergers, le mener par les endroits les plus sablonneux, les plus privés d'eau, jusque dans leur *kraal* ou camp. C'est en effet sur les souffrances de la soif qu'ils comptent en partie pour vaincre la persévérance de leurs ennemis. Tant pis si le bétail dérobé par eux en souffre! eux sauront trouver sur la route des coquilles d'œufs d'autruche remplies d'eau en grand nombre et déposées, dans des cachettes connues et impénétrables, par toutes les femmes du kraal.

Si le Boschimen est parvenu à ramener tout ou partie du butin jusque dans son village de tentes et de cahutes, alors commence une orgie de mangeaille formidable. Ces torses vides et décharnés, ces membres noueux à force de maigreur se remplissent jusqu'à l'excès en a[illegible]ive jusqu'à l'engraissement exagéré, et de toutes parts la chair crue, sanglante, est dans toutes les mains, dans toutes les bouches. On ne pense à conserver, pour le faire paître, ni un bœuf ni un mouton ; tout y passe et jusqu'aux os. Puis, quand ceux-ci eux-mêmes ont été grattés, on digère. Alors un sommeil qui dure chaque fois vingt-quatre heures s'appesantit sur cette peuplade indigérée. Et le réveil de cette torpeur ne se fait que quand la faim se fait de nouveau sentir.

Le Boschimen, qui se nourrit encore de poissons, de lézards, de tortues, paraît très-friand de fourmis et de termites ; il les pourchasse avec un bâton pointu, heureux quand il n'a pas été prévenu par les fourmiliers. L'époque des invasions de sauterelles est encore pour lui une époque bénie, et il use de ce gibier comme de celui qu'il prend à ses voisins dans ses razzias, c'est-à-dire qu'il en abuse.

Comme végétaux, il recherche spécialement les grosses racines de différentes plantes du désert ; c'est là, faute de culture, le seul aliment non animal qu'il consomme.

Notre lecteur peut maintenant assez bien se figurer l'ensemble d'un couple boschimen. Ses plus élégants de cette peuplade ajoutent quelques raffinements qu'il nous faut encore indiquer à la primitive toilette décrite plus haut. Un masque d'ocre rouge enduisant toute la face y est fort bien porté. Les beautés les plus élégantes ne craignent pas d'y joindre un frottis d'une poussière scintillante, tirée du mica. A part cette double parure, aucun tatouage autre que la couche de crasse voulue ou de terre ocreuse dont ils se frottent ; sauf quelques rares exceptions, pas de nez, le lèvres ou d'oreilles percés. A peine, chez quelques rares individus, un rond de bois pendu au nez, ou un bout de dard arraché à quelque porc-épic passé dans les deux narines. En revanche, les femmes aiment à porter aux jambes nombre d'anneaux de cuir, et, mêlés à leurs chevelures, des fragments d'œufs d'autruche. D'autres se servent pour le même usage de vieux boutons de cuivre, et les hommes ne sont pas exempts de cette mode, non plus que de celle qui consiste en une bandelette qui supporte des *cauris*, sortes de coquillages qui servent de monnaie sur les rives de la mer des Indes et qu'ils échangent à grands frais pour en faire leur parure. Des sandales formées d'un morceau de cuir achèvent leur ajustement. La demeure du sauvage de race boschimane n'est pas plus raffinée que sa toilette ; c'est généralement une fosse qu'il creuse, s'il n'a pas trouvé quelque caverne ou quelque anfractuosité qui le protège. Au-dessus, des branchages réunis et recouverts d'herbe formeront la toiture ; au besoin, il construira d'une manière analogue une sorte de tente. Dans toutes ces tentatives de construction, le Boschimen paraît s'être inspiré largement des mœurs de l'autruche et sa cahute a beaucoup de rapport avec le nid de l'oiseau du désert.

Aucune religion, aucune idée de gouvernement, telle est la règle, ou plutôt le manque de règle sous lequel semblent vivre les sortes de pygmées que nous décrivons. Le mariage n'est pas pour eux une cérémonie ; beaucoup ont deux femmes. Le seul culte qui paraisse chez eux un peu en vigueur est le respect des morts. La famille, qui a pour chef le père tant qu'il est le plus fort, fait cesser son autorité dès que les fils n'ont plus sur lui d'infériorité physique. Assez gais de caractère, entre leurs heures de chasse et leurs heures de guerre, ils trouvent moyen de bavarder avec entrain, et se livrent à des danses qui durent, pendant les nuits de lune, jusqu'au matin. Mais faits pour le désert, indociles à toute idée d'autorité, même entre eux, ils ne sauraient vivre transportés dans d'autres parages, ni se soumettre à aucune forme de colonisation.

FIN.

TABLE

R.F.

FIN DE LA TABLE.

Limoges. — Imp. E. Ardant et Cie.

www.ingramcontent.com/pod-product-compliance
Ingram Content Group UK Ltd.
Pitfield, Milton Keynes, MK11 3LW, UK
UKHW020548180726
13838UKWH00001B/103

9 782329 346335